理论+工具+方法，打造三位一体的班组管理方案

班组长现场管理工作手册

文义明 编著

优秀企业看中层，卓越企业看基层
培养金牌班组长，助力企业从优秀走向卓越

（第二版）

BANZUZHANG XIANCHANG GUANLI GONGZUO SHOUCE

经济管理出版社
ECONOMY & MANAGEMENT PUBLISHING HOUSE

图书在版编目（CIP）数据

班组长现场管理工作手册/文义明编著. —2版. —北京：经济管理出版社，2018.9
ISBN 978-7-5096-5962-5

Ⅰ. ①班… Ⅱ. ①文… Ⅲ. ①班组管理—手册 Ⅳ.①F406.6-62

中国版本图书馆CIP数据核字（2018）第200184号

组稿编辑：张永美
责任编辑：张永美
责任印制：黄章平
责任校对：超　凡

出版发行：经济管理出版社
　　　　　（北京市海淀区北蜂窝8号中雅大厦A座11层　100038）
网　　址：www.E-mp.com.cn
电　　话：（010）51915602
印　　刷：三河市延风印装有限公司
经　　销：新华书店
开　　本：720mm×1000mm/16
印　　张：16.75
字　　数：248千字
版　　次：2018年11月第2版　2018年11月第1次印刷
书　　号：ISBN 978-7-5096-5962-5
定　　价：48.00元

前　言

中国国资委前主任李荣融曾说："看企业有没有竞争力，关键要看班组、看岗位。"他之所以这样说，是因为班组工作是企业一切工作的落脚点，是企业管理思想、管理目标的体现。一个企业的班组管理水平体现着其整体的管理水平，体现着企业的综合竞争能力。综观世界具有综合竞争力的企业，不难发现，它的班组管理都非常好。如果没有良好的班组管理，企业是不可能得到长足发展的。

班组长作为企业中最基层的管理人员，企业所制定的宏伟战略最终要由一线员工展开实现。而且，随着企业组织的扁平化，班组长发挥作用的领域日益广阔。他们不仅承担着持续地按期、按质、按量付给客户满意的产品的重要任务，还要应对混乱不堪的现场、物料供应衔接不上等问题，甚至还要懂得沟通的技术，做好上下协调沟通的工作，既要让员工有效地配合工作，又要让上司满意。所以，班组长只有牢牢掌握现场管理的方法并且灵活运用才能更好地指挥和领导生产。

不仅如此，班组长还是企业管理最前沿的指挥者，头绪繁多。如怎样进行现场作业、怎样处理交货延误与紧急订单、怎样进行成本核算、怎样进行材料管理、怎样进行机器设备保养等都需要一线班组长解决和处理，而要想解决和处理好这些问题，就要具备扎实的现场管理能力。

因此，为了让班组长能够更好地处理现场管理中遇到的问题，我们针对班组长的工作特点和岗位要求，编写了这本《班组长现场管理工作手册》。本书涉及内容非常广泛，包括班组现场管理的方方面面，是一本系统性与操作性兼具的管理指导书。与目前市面上关于班组长管理方面的书籍不同的是，本书不是简单地定义介绍，也不是一味地讲述方法，而是将理论与实践相结合，让读者在理解的基础上更好地运用到实际工作当中。

我们相信，《班组长现场管理工作手册》定会对广大班组长实现由技能型向管理型、由平庸型向优秀型、由经验型向知识型转变有所帮助！它不仅可以作为班组长的工作指南，也可以作为班组长的培训教材！

目　录

第一章　现场管理：紧盯现场，让作业井然有序

第一节　班组长现场管理主要管什么

什么是现场管理

所谓现场，就是指企业为顾客设计、生产和销售产品与服务以及和顾客交流的地方。现场为企业创造出附加值，是企业活动最活跃的地方。如制造业，开发部门设计产品，生产部门制造产品，销售部门将产品销售给顾客。

对于"现场"一词的说法，有广义与狭义之分。从广义上说，凡从事生产、经营、研发等生产增值活动的场所都称为现场，如厂区、车间、仓库、办公室等。从狭义上说，现场是企业内部直接从事生产过程的组织，是企业实现经营目标的要素之一。通常来说，狭义的"现场"更为人们所认可。

现场管理就是对广义和狭义的现场进行管理的总称。它是指为了实现企业生产经营的长远目标，用科学的管理方法、管理标准对现场的人（工人和管理人员）、机（设备、工具、工位器具）、料（原材料）、法（加工、检测方法）、环（环境）、信（信息）等要素进行合理配置与优化组合，使其处于良好的结合状态。它包括现场的安全管理、物料管理、计划管理、设备管理、工具管理、人员管理、排产管理、5S 管理等。

企业之所以要进行现场管理，意义在于消除管理失误，防止事故发生，以求达到优化企业管理、增强企业竞争力、提高企业经济效益、促进企业技术进步的目的。可以这样说，现场管理是生产第一线的综合管理，是生产系统合理布置的补充和深入，也是生产管理的重要内容。通过实行现场管理，可以让企业的每一位员工都养成良好的职业习惯，让企业的效益得到提高。

班组现场管理的六大任务

通常情况下，班组现场管理的主要任务包括以下六个方面的内容：

一、人员管理

不管在任何企业中，人都是最重要的因素。作为一线班组长需要花费大部分的时间与精力和人打交道，而这就要求班组长要用好人，使班组成员真正做到各司其职，让每个人的能动性都得到最大程度的发挥，与此同时，还要为他们创造一个好的环境，让他们在一个舒适、安心的工作环境中完成任务。

二、作业管理

作业管理是以"作业"作为企业管理的起点和核心，比传统的以"产品"作为企业管理的起点和核心，在层次上大大地深化了，可视为企业管理上一个重大的变革和突破。对于班组来说，能否做好作业管理工作，亦是对班组长管理现场的考验。班组长想要成功完成这项任务，就需要拟订出完善的工作计划，执行良好的工作方法。

三、质量管理

质量管理是指确定质量方针、目标和职责，并通过质量体系中的质量策划、质量控制、质量保证和质量改进来使其实现所有管理职能的全部活动。对于企业来说，质量管理可以说是企业生存和发展的生命线。在企业的生产一线，班组长要进行质量管理，尽可能做好工作质量的控制，达到零缺点的要求。

四、设备管理

在越来越强调设备管理的今天，身为一线班组长是不是可以带领班组人员做好设备管理工作、是不是可以更好地融入到设备管理体系中来，是衡量一个班组长是不是具备合格资质的重要标准。

对于生产现场的班组长来说，带领班组做好设备管理，保证设备正常运行是保证产品质量的前提条件，是降低消耗的保证，是节能环保的保证，是安全生产的保证，是高效完成生产任务的保证。

五、安全管理

安全管理是企业生产管理的重要组成部分。对于企业来说，现场班组人员的安全、产品的安全是企业实现生产经营目标的重要保障之一。所以，这就更加要求班组长务必切实抓好现场安全管理的工作，完善必要的安全措施，保障班组与产品的安全，因为此二者是保障整个企业安全状况的决定性因素。

六、成本管理

成本管理是指为达到生产目标，计划实施各项活动，并对其成功进行评价，再采取必要的措施改进。在这项任务中，班组长需控制好生产现场的成本节约，真正做到减少浪费、降低成本。

班组现场管理的基本内容

企业的很多主要活动都需要在现场进行，这就要求班组长充分发挥现场的作用，做好现场的管理工作。而现场管理水平的高低，主要看其管理现场是否为完成企业总的目标而设定了各项阶段性和细化了的具体目标；是否很好地引导广大员工有组织、有计划地开展工作。鉴于现场管理在生产管理过程中的重要地位，班组长必须掌握有关现场管理的基本内容。

一、建立良好的工作环境

一个良好的工作环境是员工工作积极向上的基础，它能使员工保持心情愉快。同时，为现场的作业人员创造一个良好的工作环境是生产作业中必不可少的条件。班组长要做到这一点就必须将生产活动的四大要素——人员、材料、设备和方法协调到最佳状态。

二、制度和标准的完善

"不以规矩，不成方圆"，要想组织好现场生产，班组长就必须制定一定的规章制度，让现场作业人员在公平公正的环境下遵守并执行。

这包括健全各项规章制度、标准技术、管理标准、工作标准、劳动及消耗定额、统计台账等。同时，班组长还要建立和完善管理保障体系，有效地控制投入产出，以提高现场管理的运行效能。

三、成本与效率管理

用最低的成本换来最高的收益是企业的经营目标。班组长要仔细核对生产现场的各种要素并进行分析，在保障质量的情况下尽量采取措施来降低成本，这就是成本管理的要点。同时，将生产现象实际情况与先进的管理方式相结合，不断提高作业的效率也是班组长的重要责任。

四、组织体系合理化

如果不能根据现场作业人员的特点合理地分配工作，即使他们每个人都很优秀，也不能达到最好的生产状态。这就要求班组长要掌握每个员工在现场组织中的作业，发挥大家的所有力量，以求生产现场组织体系的合理化、高效化为目的，不断优化生产劳动组织，提高生产效率。

班组现场管理的工作原则

了解了现场工作的任务、基本内容，班组长想要有效地开展管理工作，就必须依照现场管理工作的基本原则发现、分析并解决问题，更好地优化现场管理。

一、弹性原则

弹性原则指的是在时间分配图上留有空缺。适当的空缺是非常必要的，只有这样才能富有弹性地实施计划，并不断地调整好自己的进度。

在现场生产管理中，既要满足市场和客户的需求，又想拥有稳定的生产品种与生产条件，就要把市场要求的"变"同现场要求的"定"有机地结合起来，为增强适应性和灵活性采取有效措施。

二、科学性原则

现场管理只有在科学原则的指导下才能发挥最大的作用，现场作业人员才能够提高工作效率。现场科学管理包括管理的理想、制度、方法和手段等，符合现代化大生产的客户要求。如生产的流程、工人的操作方法、现场布置、人员的配置等方面，不能安于现状，又不能操之过急，而要实事求是地坚持按科学性原则办事。

三、标准化原则

现代化大生产的基本要求就是标准化、规范化管理。不过，工厂里每天都会发生各种生产异常现象，如产品不合格、生产目标未达到等。这就要求班组长仔细分析原因：是现场作业人员没有严格按照规定生产，还是生产的计划有问题？发生了问题，班组长就必须去解决，作业程序必须予以标准化，让现场作业人员必须服从生产中的统一意志，严格按照作业流程、作业方法、质量标准与规章制度办事。这样才有利于提高生产效率，建立正常的生产和工作秩序。

四、经济效益原则

有些班组长在进行现场管理时，过分地抓质量、产值而不计成本，只讲进度而不讲效率与效益，这是不对的。班组长必须要树立以提高效益为中心的指导思想。第一，要仔细分析产品的市场状况，在产品品种、质量、数量、成本等方面适应和满足市场需求。第二，要在生产过程中厉行节约，精打细算，杜绝浪费。

班组现场工作有效推进的步骤

执行力是班组长必须具备的重要品质，要想将现场工作有效地进行，掌握一定的方法和技巧是必要的。一个有效的工作推进方法包括：计划、管理项目与目标、定期报告。

一、计划

在管理学中，计划具备两重含义，其一是计划工作，是指根据对组织外部环境与内部条件的分析，提出在未来一定时期内要达到的组织目标以及实现目标的方案途径。其二是计划形式，是指用文字和指标等形式所表述的组织内不同部门和不同成员，在未来一定时期内关于行动方向、内容和方式安排的管理事件。

关于计划，一般的大型公司都会具体到班组，制定班或组的计划，如表 1-1 所示。

表 1-1 ××年第三季度总装一班实施计划书

实施项目	目 标	担当者	第三季度	管理项目
指导书编制系统手册化	7月完成	王组长		完成时间
减少组装不良金额	0.114→0.075 元/台	张组长	①作为组长日常业务；②每月不良原因分析；③制定对策	台均不良金额
管理损耗及原因不明损耗金额内容解读	78%的原因查明	李组长		原因查明率

二、管理项目与目标

管理项目是指在项目活动中运用专门的知识、技能、方法，使项目能够在有限资源限定条件下，实现或超过设定的需求与期望，以成功达到一系列目标的相关活动。这包括策划、进度计划和维护组成项目的活动的进展。

管理项目说明了整个组织的宗旨、方向和意义，具有很大的作用。当然，目标的设定也是非常重要的，能让员工在清楚公司目标的前提下进行自我控制，更加积极主动地工作。

三、定期报告

定期报告是指员工针对某一阶段的工作情况对上一级进行汇报，包括年度报告、中期报告和季度报告。就班组而言，定期报告就是对前期实施结果及成果向上一级主管进行汇报，是班组长现场推进必不可少的步骤，能使上司对班组员工的工作态度、情况、进展、结果等进行了解，从而根据这个报告情况对下一步的工作进行安排。同时，定期报告会让班组长产生一种压力，这种压力可以激励班组长更好地管理员工，以确保生产朝着更好的方向发展。

班组现场管理的方法

班组现场管理的方法主要有定置管理、目视管理、看板管理与颜色管理等。

一、定置管理

定置管理，指的是通过对班组生产一线物资放置位置的调整，协调处理人与物、人与场所、物与场所之间的关系。经过整理，将班组生产一线无关的物品清除掉；经过整顿，把班组一线需要的物品放置到规定的位置。这个规定的位置一定要以实现班组现场的文明化、规范化为目标，真正做到科学、合理放置。

二、目视管理

目视管理，指的是以人的视觉原理为依据，利用色彩相宜、形象直观的各种感知信息传达意图，以组织现场生产活动，是一种较为科学、有效的管理方法。目视管理是一种以视觉显示化与公开化为特征的管理方法，因其贯穿于现场的整个领域，创造了透明化的现场作业，所以也被称为"看得见的管理"。

通常情况下，未实施目视管理的生产现场，会将维持现状、事后追踪管理作为管理中心，在处理作业现场发生的问题时也较为缓慢；企业方针目标难以为全体员工所共有，信息交流也会有所阻碍。而实施目视管理的生产现场，能够真正做到使企业方针、目标任务为全体员工所共有；可以提高监督能力与工作效率；彻底进行预防性管理；可以协调各自的关系，便于沟通与信息交流；建立愉快、和谐的作业现场。

三、看板管理

看板管理，又叫作视板管理、看板方式等，是 20 世纪 50 年代由日本丰田汽车公司创立的一种先进的生产控制技术或生产现场管理方法。看板管理以流水线作业为基础，将看板作为运输指令、生产指令，对现场进行相应的控制。

四、颜色管理

颜色管理，指的是将企业的管理实物与管理活动披上一层色彩外衣，无论何种管理方式都利用红、黄、蓝、绿四色进行管制，让员工自然而然地与交通标志灯相结合，以此促进全员的共识、共鸣、共行，进而达到管理的目的。

班组现场指导工作的步骤

身为班组长，只向班组成员教授作业指导书是没有太大作用的，最重要的是使被教授的员工按作业指导书的相关内容进行操作。因此，班组长在教授作业时务必先树立起操作者"必须遵守作业指导书"的意识。因为被教授对象的理解程度不尽相同，所以在教授的时候要因人而异，争取事半功倍。为有效地指导作业，班组长可以按照以下步骤进行教授工作。

一、对 5W1H 进行重点讲述

在教授作业时，班组长首先要对 5W1H 进行重点讲述。5W1H 的具体内容包括：①做什么（What）；②什么时候做，在哪道程序前或哪道程度后做（When）；③谁去做（Who）；④在哪做（Where）；⑤为什么要这样做（Why）；⑥所用工具及作业方法、关键要点（How）。

此外，班组长还要询问班组成员对作业的熟悉程度，之前是否有过类似的工作经历；讲授作业的意义、目的及性质、安全等重要性；重点讲述安全方面的问题，尽可能做到安全问题的可视化；说明零部件的使用以及放置的方法。

可视化，就是指用眼睛能够直接获得的信息，如标识、图表、警示牌、电子记分牌等。

二、亲自示范教授

在进行示范的时候，对每一个关键点和主要步骤都要进行详细讲解，再针对重点进行作业指导；之后让员工尝试进行，并且让其简述关键点、主要步骤以及做出如此判断的理由，使其深刻理解"5W1H"的含义，若员工出现不正确的地方需立即纠正；在员工真正领会后，再反复进行督导。

三、观察、指导班组成员

认真观察班组成员的操作，对其在操作过程中出现的不符合标准的地方要进行悉心指导，并让其在知道错误之后立刻获得正确的答案，进而让全体操作者正确理解和掌握标准作业。

四、积极开展 6S 活动

6S 就是指整理、整顿、清洁、清扫、素养和安全。工厂是否开展 6S 活动，只要亲临作业现场就能够一目了然。没有开展 6S 活动的工厂，其生产现场是杂乱无章的，地上到处都是垃圾、污垢，零件、零件箱随处可见。各类人员与各种运输设备就是在这样脏、乱、差的环境中低效能地工作。可以想象，在这样的工作环境中，很难生产出高质量的产品，其产品的成本也不可能是最低的。

没有开展 6S 活动的工厂，即便是拥有了顶级的设备，也不会获得高效益，因为 6S 管理是最基本、最有效的现场管理方法。

五、总结技巧，抓重点

班组长的主要工作是负责日常事务，而日常事务又多是繁多、无序的，面对如此情况，若不能掌握一定的技巧，必定事倍功半。所以，在工作中是不是可以抓住重点，是能否胜任班组长这个角色的关键。

以上五个步骤是需要优先进行、重点实施的工作。当然，这并不代表其他的工作就不需要做，而是说要将有限的资源与精力做合理安排。

第二节　班组作业前的现场管理

计划为先：编制班组计划

计划是班组所有工作的开始，只有在制定计划之后才可以让工作按部就班地完成。班组生产计划的内容主要包括人员的安排、设备的配置、生产周期的确定、质量控制等。

一、编制班组计划的程序

生产计划的编制是班组长现场管理中不可缺少的一环，在编制生产计划时，班组长需遵循以下程序。

1. 收集资料，调查研究

班组长在制订生产企业计划时，主要以车间生产计划、上期班组计划的完成情况，计划生产能力与产品定额，组织技术措施计划与执行情况，物资供应、设备检修等方面的资料作为制订依据。

2. 综合平衡，确定班组计划指标

在制订计划时，班组长要将初步提出的生产计划指标与各方面的条件进行综合、平衡，主要应注意以下几个方面：

（1）生产任务与生产能力之间的平衡，测算设备对生产任务的保证程度。

（2）生产任务与物资供应之间的平衡，测算主要原材料、工具、动力、外协件对生产任务的保证程度。

（3）生产任务与劳动力之间的平衡，测算劳动力的工种、数量以检查劳动生产率水平与生产任务是否适应。

（4）生产任务与生产技术准备的平衡，测算设备维修、技术措施、工艺准备等与生产任务的衔接程度。

3. 请主管批准，确定最终目标

班组长将制订出的生产计划进行反复平衡与核算，然后编制出班组计划表，交到生产主管手中。

二、编制工作计划的要求

若想保证每一个计划都能够有效实施，班组长就需要提前做好准备工作，积极地采取措施，让计划在满足要求的基础上贴近实际。其具体要求如下：

（1）在制订计划时，切忌内容过于烦琐，不易实施。

（2）在制订计划时，不要定得过高，以免员工无法完成。

（3）所制订的计划切忌和多数人的期望值或心理承受力不相符。

（4）积极争取上级的支持，因为缺乏足够支持的计划常常会虎头蛇尾，最终不了了之。

（5）计划发布后，切忌朝令夕改。

（6）所制订的计划切忌只有目标，没有具体步骤。

（7）防患未然。在制订计划的初期，就要为计划落空找出应对的措施。

三、各种生产计划的制订

1. 周生产计划

周生产计划，是由生产管理部门根据相关部门实际准备情况和生产信息变化制订的安排生产的计划。它除具有准备性之外，还具有可执行性。

（1）周生产计划的内容。主要包括以下几个方面：

1）生产相关的工程、技术、品质等文件资料得以落实。

2）顾客的订单需再次确认，供应商的原料也要进一步落实。

3）了解库存与出货的情况，再生产时则不会造成产品积压。

4）生产人员已经全部到位，并已接受了必要的培训。

5）计划表覆盖了两周的内容，但第二周只是参考。

6）在计划发布的当天，若执行者并未提出反对意见，则认为其已接受。

（2）由于周生产计划的管理期限较短，因此对班组而言，周生产计划较月生产计划更切合实际。班组长在做周计划时需要做好以下准备工作：

1）在确定计划无误之后，将信息传递给各生产部门的负责人，让他们对生产做出相应安排。

2）消除各种可能对计划造成影响的变异因素。

3）进一步落实计划项目的执行性，除非在特殊情况下，准备事项均应在前一天完成。

4）准备日生产计划实施方案，并向上一级领导报告。

2. 日生产计划

日生产计划，是在生产现场唯一需绝对执行的一项计划，它是以周生产计划为依据给下属员工的每日工作安排。日生产计划是通过口头形式制定的，一般先在生产例会上宣布，然后再由班组长按规定格式写在各自班组的看板上。班组长在执行时应按以下要求处理：

1）计划内容不容置疑，若不能如期完成需接受必要的惩罚。

2）超额完成数量，需要提前向班组长报告。

3）为方便及时跟踪，计划分段规定生产数量。

4）该计划是班组长制定生产日报的依据。

班组长如何做好生产准备

生产准备活动是企业的全方位活动，班组长在此项活动中承担着大量基础工作。因为生产准备活动是有效组织全班组人力、物力等配置来为生产所做的前提工作，是为了实现生产作业计划而做的工作。在此期间，虽然会出现这样那样复杂的问题，虽然会让人承受巨大压力，但却是锻炼人的绝佳机会。此时，班组长不妨采取清单的方式跟进工作，防止遗忘。

一、培训员工

针对新产品的特性要求，对员工反复进行能力、速度、品质认识水平等职业素质的训练，一直到符合要求为止。

二、制定作业指导书

根据工程技术部、品质部提供的管理重点、品质要求、产品工艺要求，制定出与之相应的作业指导书对现场作业进行指导。

三、做好作业材料的统计与预算

工装、夹具、工具、辅助材料、劳保用品等物品的用量只有在生产一线的人员才最清楚和了解，因此班组长应该广泛听取员工的意见，在此基础上做出统计整理与预算，保证所需物品及时到位。

四、安装、调试生产所需设备和仪器

班组长在相关管理人员的协助下调试与安装设备，其目的有两个：一是全面掌握设备、仪器的使用、点检、保养方法；二是通过学习和使用，寻找设备仪器最佳的生产状态。

五、对物料、设备、工艺、资料等的异常做到及时发现和反馈

在生产过程中，亲身实践能够发现很多物料、设备、工艺、图纸及标准等方面的异常状况，这些状况要详细记录下来，然后积极寻求相关部门解决。

六、合理安排工作人员

对于训练合格的工作人员，班组长需根据员工个性与能力的差异合理安排工作岗位。之后，根据作业熟练程度制定每日产能推移，以尽可能达到产量定额。

召开高效率的现场班前会

俗语说，一天之计在于晨。班前会是班组人员一天工作的开始，一天的工作如何进行分配、如何进行，都需要在班前会上做出合理安排。

一、召开班前会的意义

长期坚持召开班前会，对于人员培养与班组建设具有重大意义，其具体表现在以下几个方面：

（1）对工作做出合理有序的安排，提升工作效率。

（2）传达信息，保持良好沟通。

（3）提高班组成员对班组的认同度，强化集体观念。

（4）在班前会上扶正压邪，使员工逐渐改掉自身的不良习惯。

（5）对员工进行礼仪教育，形成良好的班组风气。

（6）强调工作紧迫感，促使员工更加积极地投入到工作中。

二、班前会的内容

在班前会上，班组长需要讲解的内容主要有企业质量信息、经营动态、生产信息、现场 5S 状况、班组风气、安全状况、工作纪律、联络事项等。当然，也并非每天都做到面面俱到，而是要根据具体的情况确定当天要讲的内容。概括来说，可以从以下几个方面入手：

（1）齐唱厂歌、朗读经营理念。

（2）分享个人感想，提高班组凝聚力。

（3）对昨天的工作进行全面总结。

（4）对今天的具体工作进行合理有效的安排，如生产计划、工作目标、任务分配、人员调配等。

（5）明确提出对员工的要求，其主要包括：工作质量要求、遵守纪律的要求、工作配合要求、时间要求等。

（6）宣布工作的开始。

三、班前会的召开要点

为了让召开班前会的作用得到最大程度的体现，班组长需明确以下五点注意事项：

1. 充分准备

（1）轮值员工。

1）身为班组长，要让全员深刻认识到班前会的重要性，认识到班前会是每日工作的一部分，所以必须做好每个月的班前会轮值表。

2）班组长要进行事先准备、事先动员，给予适当的提示、引导，必要时培养员工养成书面整理的良好习惯。

3）若员工在表达上存在心理障碍，班组长务必言传身教，锻炼员工的自信心与口才能力

（2）勤能补拙。为了开好班前会，班组长在工作时需要细心观察、敏锐感触、深入思考、认真总结。在每天填写工作总结的同时，还要理出第二天班前会要讲的内容和要点，必要时可以随笔记录下来，以防召开班前会时发生纰漏。

2. 整队

（1）确认出勤。点名是一个确认出勤人数的好方法。

（2）规定站姿。俗话说："站有站相，坐有坐相。"不管是手还是脚的摆放，都应该有具体的要求，如若不然，队形就会歪歪扭扭，人员也会交头接耳，如此岂不严重影响了班前会的气氛？

为了制造适当的紧张感，让大家尽快进入工作的状态，可以由班组长或轮值员工进行整队之后再召开班前会。

3. 问候及回应

一声问候一声回应，工作气氛和团队力量便会顿时得到体现，甚至让大家将注意力瞬间集中到了主持人的表达中。时间一长，员工就会养成互相打招呼的习惯。

4. 表达要点化

班前会时间短、内容多，所以在布置工作、下达命令时要清楚、明确，让全体员工理解到位。如此，说的人容易说完整，听的人容易听确切。

5. 公众表达

因为主持班前会、安排工作是一种公众表达，所以对班组长也有一定要求：声音洪亮、吐字清晰、镇定大方、要点明确，显示出精力充沛、积极乐观、朝气蓬勃、精神饱满的精神风貌。

讲话的人充满激情，才可以激发全员对工作的热情度；讲话的人有气无力，听众也一定提不起精神。

怎样确定作业速度与作业时间

要想按时按量地完成企业的生产目标，班组长就必须要控制好作业的进度。而作业进度的控制包括两个方面：作业速度与作业时间。

一、作业时间

作业时间包括从搬运材料到制作半成品再到转入下一个工序的所有时间，不能简单地以制作产品的时间来计算。

班组长应该对整个作业过程的时间进行把握，要善于分析和总结，发现问题并及时改正。如分析工序中的停滞是如何发生的，怎么会有浪费的作业时间，各个工序之间的合作衔接怎样等，对这些不利情况进行记录和调查，在日后做出改善。

二、缩短制造日程

要想更高效地进行生产，对于制造日程不能马虎，尽量要在保证质量的同时缩短制造日程，这就需要班组长在接受作业任务后，与下属一起研讨制造产品各个阶段应该分配的时间。这些阶段包括：

（1）待料非作业的日数或时间。

（2）准备时间。

（3）事后整理的时间。

（4）等候搬运的日数或时间。

班组长应该仔细对这些阶段所用的时间进行分析，注意物品的停滞。同时要注意自己职务管理范围内的物品，是以什么过程与时间转移到下一进度的，减少不必要的时间，尽量让各个工作步骤时间紧凑，衔接得当。

三、正常作业速度

因为每个人的接受能力、操作熟练程度、积极状况、身心状况不同，所以现场作业人员的作业速度、步骤也不会一模一样，很多班组长都不能够对员工作业速度做出正确的评价。

对班组长来说，对员工作业速度的评价其实就是对下属指导监督及制定标准作业时间所不可或缺的，但这种评价不可单凭班组长的主观认识来做出。班组长对于正常的速度，都有自己的标准，但作业速度评定技术，是为了班组长的速度评定更为客观而设的。

现在以某一作业为例，假定此作业是以标准值100的速度进行，而班组长测定为105，这是在正负5%的宽放以内，故速度的判断可以认为是正确的。即标准值与评定值（观测值）的差别是在正负5%以内时，班组长所作的速度评定值，是可以供作实际参考应用的。

如果一个熟练工尽力能达到的生产数量还不能使班组长满意，那么班组长就不能做出正确的速度评价了，因为他的标准几乎所有的员工都不能达到。

四、标准工时的改善

工厂的技术、机械设备、工程及使用材料、企业管理方式、员工操作熟练程度等都会影响作业时间。一般来说，技术的革新、管理的先进、操作的熟练会让员工的作业时间减少。因此，由标准时间可看出一家企业的实力与潜力。

但是在一般情况下，不可能所有的时间都是完全饱满利用的，如机械故障、等待物料等都会耽误一定的时间，这些称作非生产时间或者宽裕时间。作为现场班组长，必须注意非生产时间和生产时间的比例。

班组长要充分利用时间，尽量减少非生产时间。可以确立技术标准与管理体制，减少不必要的接洽或等待，提高下属的熟练程度，改善作业法等。

整个实际工作或真正作业时间中所占的宽裕时间（非作业时间）比

率，此比率因工作场所、机种、作业的差别而有所不同，但最好限定于15%左右。

标准时间 = 主体作业时间 × （1 + 宽裕率）

这样确定的标准时间，可借助工作的合理化及从业人员能力的提高而有效地降低，并由现场管理人员来执行。

五、标准时间的运用原则

1. 合作分析原则

班组长应该与下属商量，共同协商标准时间的制定。

2. 标准化原则

标准时间的确定不能是随便的，而是要依照作业描述书和作业标准化的规定。

3. 间歇性原则

标准时间是由生产时间和非生产时间两部分组成，班组长要充分考虑非生产时间，不能把员工逼得太紧，而要有一个衡量的原则。

一个企业的生产如果没有规定的标准时间，那么员工就会懒散，作业进度就无法掌握。作为班组长，标准时间的确定一定要慎重考虑和分析。

怎样进行生产线安排

班组长能力的体现主要在于生产线安排得恰当。因为生产线的流程是生产过程必不可少的基础。生产线的安排方式不仅影响全体目标，而且可能影响员工的工作状态。

如流水线第一站点放得太快，后面作业人员接不上，心里难免会不愉快；各站点任务分配不均匀，有的员工任务繁重，有的员工却无所事事等。这样会挫伤员工的工作积极性，导致员工士气不振。作为班组长，一定要根据员工的特点、产品的性质等对流水线的各个站点进行合理安排。

一、分析作业人员特性

每个人都不同，生产线上的员工就会有性格不一、配合度不宜、工作熟练度不一等情况。那么，班组长要从哪些方面来分析作业人员的特性，从而安排最适合的组合方式呢？

1. 责任感

对上司交代的工作是尽职尽责，还是敷衍了事？

2. 细心

作业中是否仔细认真？

3. 品质观念

是否注重生产产品的品质问题？

4. 正确性

作业是否按照标准严格执行？有没有错漏？

5. 动作快慢

作业的速度怎样？操作迅速熟练还是缓慢生疏？

6. 体力

体能负荷程度怎样？不同站点对于体力的要求不一样。

7. 协调性

不同站点讲究的是合作，需要作业人员相互协调才能更有效地完成工作。协调工作包括品质协调、作业速度协调、品质不良反应协调，甚至领料、退料、补料的协调等，必须加以分析，协调性差将影响全局。

8. 勤勉性

出勤率怎么样？有迟到、早退现象吗？工作是否勤奋？是否认真学习改进？

9. 情绪化

情绪波动大吗？是否会将情绪带到工作中来？

要想对所有员工有个全面的掌握，就必须综合上述要项，按照点数，予以量化记录。

二、掌握员工作业熟练度与作业方式

（1）根据各站点对员工作业的要求，将员工分配到适合的岗位，这就要分析好员工所熟悉的作业工具和作业方式。

（2）若班组长需要教育下属或是工作站点不要轮调，按照这些资料安排，作业指导将更能体系化。

（3）配备好"替补"人员，如果出现员工调动或请假状况，就让替补人员顶岗。

三、生产线各站点排列时的注意事项

（1）班组长需要根据客户的需求配备物料，分清楚产品的类别和各种产品所适应的机器和制作要求，千万不能有差错。

（2）事先准备好产品所需工具、仪器、设备等，知道用什么工具生产最合适。

（3）作业中要抓好关键，防止安全隐患，提高作业的效率。

（4）测定各站点工时。根据各站点员工的平均熟练程度确定站点的标准工时，然后排定各站点运作，力求各站点时间平衡。

（5）对各站点加工后的产品的摆放位置要讲究，便于前（后）一个站点工作人员顺手拿取和确定产品完成情况。如产品应朝前、朝后、朝左、朝右等，面应朝上或朝下。

（6）考虑各站点供料时间，掌握联机操作并充分应用领料人员。

（7）充分利用人力资源，将生产线各站点的作业速度调整均衡，形成最合适的搭配形式。

四、生产线不平衡问题的解决

1. 生产线安排不到位时出现的现象

（1）线上所放半成品距离不一致。

（2）线上没有半成品。

（3）线上某些站点堆集半成品。

（4）线上待维修的不良品（不良品是指不符合产品图纸要求的在制品、返修品、回用品、废品及赔偿品）多。

（5）某些站点人员很忙，某些站点人员则很轻松，时常休息或聊天。

（6）生产线速度太慢或太快。

（7）生产线没有物料（或不足）可以生产。

（8）线上所放半成品没有一致的方向或放法。

（9）作业中有人时常无故起来晃动。

（10）线上检验出的不良品多。

2. 出现问题时的解决办法

（1）确认问题。仔细观察到底是哪里出了问题，了解现况，和员工沟通问题所在。

（2）分析问题。整理、调查相关数据，就问题发生的原因进行分析。

（3）解决问题。列出所有可能的对策，将各个对策进行分析评估，选择最佳对策。

（4）检讨问题。是各种运作方式的不妥吗？哪些要在前面操作？哪些运作必须紧跟哪个运作之后？哪些运作可以挪前或挪后？

第三节　班组作业中的现场管理

怎样进行 4M 变更处理

4M 是人员（Man）、设备（Machine）、材料（Material）、方法（Method）的简称，而这四个方面就是在现场管理的过程中容易引起质量变动的因素。4M 的主要内容包括：

（1）人员——现场直接从事作业的人员。

（2）设备——检具、量具、夹具、模具等。

（3）材料——原材料以及从前一道工序送来的半成品和零部件。

（4）方法——作业条件和周围环境条件。

在实际生产过程中，人员、设备、材料、方法这些因素都是很容易发生变动的，如人员的流失、换岗，设备的故障、参数变更；材料材质的变更、型号的改变，作业顺序、手法的变更，这些都会对生产过程以及产品质量造成影响。那么，当 4M 发生变更时，作为班组长需采取什么样的方式进行处理呢？

1. 变更实施的程序

在"4M 变更依赖书"上填写变更的内容，后交由车间主任签字，再交由品质部门的经理确定。发生区及相关的部门收到品质部配发的"4M 变更依赖书"之后，要按照其规定实施。

2. 作业人员变更的处理方法

现场班组长安排专业人员对替补人员进行培训，从而保证工作的顺利完成。

3. 模具夹具变更的处理方法

车间工艺员对变更工作的全过程进行跟踪确认，严查模具夹具的合格率，一旦发现不合格就要立刻停止使用，或维修或换新的工具。工具变更之后，装配出来的首件产品经技术人员确认合格之后，应由质检人员进行小批量生产的复检，确认品质合格后方可进行大批量生产。

4. 作业方法变更的处理方法

作业方法变更，由车间的工艺员对作业指导书进行适当修改，并且指导作业人员按照新的方案作业，一旦发现异常就要立刻进行处理，直至员工能够独立熟练操作为止。

怎样进行作业切换管理

作业切换是司空见惯的事情，短时间内的切换如果缺乏控制的话，通常会带来降低效率、有损品质的后果。

一、控制作业切换的效率

切换效率控制的关键点在于切换时间，而切换时间根据作业的不同又分为内程序、外程序与调整时间。内程序指在切换的过程中，若机器不停止运行，就没有办法进行作业的程序；外程序指在切换的过程中，即便机器还在运转，也能够进行正常作业的程序；调整时间是指两个机种之间交换的过程，是切换的核心时间。

1. 程序切换作业改善的步骤

程序切换作业改善的步骤如表 1-2 所示。

表1-2　程序切换作业改善的步骤

步　骤	基本内容			
	切换时间			
	内程序	调整		外程序
	①	②	③	④
第一步	把内程序作业①往外程序作业转移			
第二步	改善缩短内程序②			
第三步	将调整时间③改善缩短			
第四步	将外程序时间④改善缩短			

2. 切换程序的改善体系

（1）内程序向外程序转换。方法如图1-1所示。

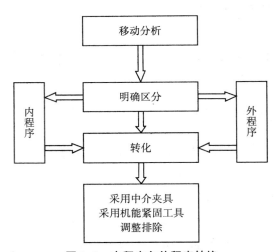

图1-1　内程序向外程序转换

（2）改善内程序。方法如图1-2所示。

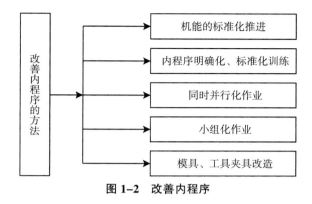

图 1-2　改善内程序

（3）程序切换的确认。填写确认清单，如表 1-3 所示。

表 1-3　程序切换确认清单

	项　目	结果记录
作业顺序	1. 作业程序有无标准化 2. 是否真正明白必要的作业内容 3. 必需品是否放在容易拿取的地方 4. 在外程序中，是否准备了更换的模具、工具等必要品 5. 作业内容中有无浪费、勉强、不均衡的事项	
改善重点	1. 是否准备了合适的工具 2. 是否将工具减少 3. 能否不用螺栓 4. 有没有多余的可取消的零部件 5. 可以更换替代吗 6. 可以一步到位吗 7. 程序内容能简化吗 8. 为什么要调整，能否取消 9. 能否减少试模次数	

二、切换的品质控制

所谓切换，实际上就是短时间内体制变更的过程。因为忙乱的缘故，才导致诸多品质问题的发生。不妨以组装生产线的切换控制为例进行简单的说明。

1.切换的标志警示

作为流水线生产，将某个产品全部生产完成，之后停止整条流水线，再

— 23 —

对另外一种产品的生产流水线进行布置。虽然这种方式极为稳妥，却失去了效率。最好的方法就是在不停止生产线切换的情况下，与下一生产产品的流水线衔接。若想做到这一点，就需要在第一件切换机种上贴上"机种切换"的字样，那么班组所有成员都知道其与其他机器不同，从而用不同的方法来处理。

2. 首件确认

首件确认指对切换之后生产出来的第一件产品进行全面确认（包括形状、外观、性能、相异点等），担当者可以是班组长，也可以是检查员或工艺人员。首件确认是一项十分重要的确认工作，可以发现一些批量性的错误，如零部件用错等问题。

3. 不用品的撤离标志

首件确认合格就意味着切换的成功，简单地说，就是产品能够连续生产下去。但是对切换下来的零部件不可轻视，一定要根据使用频率安排放置。

放置完后，为防止错用或误用，切记做好标志，标志上要明确产品的名称、型号、暂放时间、管理责任人员等。

怎样处理生产异常

生产异常指的是生产过程中造成的进度延迟或生产停工现象。生产异常会造成生产浪费，并严重影响企业的生产能力。生产异常包括计划异常、物料异常、设备异常、品质异常、设计工艺异常等。

一、生产异常的内容及应对方法

1. 计划异常

即因原定的生产计划临时发生变化或者安排失误等导致的异常。班组长应该迅速地做出合理的工作安排，保证生产效率，确保总产量不变；对因计划调整而遗留的产品、半成品、原材料进行盘点、清退；安排员工以最快速度更换物料、设备；利用计划调整的时间对员工进行培训。

2. 物料异常

即因物料供应不及时、物料品质问题等导致的异常。班组长在接到生产计划后，要立即查验物料有无短缺，质量有无问题，及时反馈给相关部门，避免异常的发生；时刻关注物料的动态，即将告缺前 30 分钟，用警示灯、电话或书面形式反馈给采购、资财、生产管理部门；物料告缺前 10 分钟必须确认物料何时可以接上。如果物料不能及时补上，可以安排员工进行其他生产工作。

3. 设备异常

即因设备、工装出现故障等原因而导致的异常。班组长应立即通知工程维修部门进行维修，安排闲置人员做前加工工作。如果维修需要较长时间，应与相关部门协调另作安排。

4. 品质异常

即因制程中出现了品质问题而导致的异常，也称制程异常。对有品质不良记录的产品，应在产前做好重点管理，异常发生时，应该迅速通知相关部门；协助产品管理、责任部门一起研究对策，及时处理问题，确保生产任务能够完成。如果异常暂时无法排除，与生产管理协调做生产变更。

5. 设计工艺异常

即因产品设计不当或其他技术问题而导致的异常，也称机种异常。班组长应该及时与设计部门联系，共同协商产品设计应该符合的要求，然后由设计部门调整或者重新设计。

如果在生产过程中发生生产异常，即有异常工时产生，时间在 10 分钟以上时，应填具"异常报告单"，其内容包括以下几个方面：

（1）生产产品。填具发生异常时正在生产的产品的名称、规格、型号。

（2）生产批号。填具发生异常时正在生产的产品的生产批号或制造命令号。

（3）异常发生单位。填具发生异常的制造单位名称。

（4）发生日期。填具发生异常的日期。

（5）起讫时间。填具发生异常的起始时间、结束时间。

（6）异常描述。填具发生异常的详细状况，尽量用量化的数据或具体的事实来陈述。

（7）停工人数、影响度、异常工时。分别填具受异常影响而停工的人员数量，因异常而导致时间损失的影响度，并据此计算异常工时。

（8）临时对策。由异常发生的部门填写应对异常的临时应急措施。

（9）填表单位。由异常发生的部门经办人员及主管签核。

（10）责任单位对策（根本对策）。由责任单位填具对异常的处理对策。

二、怎样处理生产异常

1. 临时问题临时解决

临时问题是指突然发生但是持续时间不长的问题。当出现临时问题时，班组长一定要及时解决，掌握实施更改的时效。

2. 突发事件果断处理

突发事件是指突然发生的并且影响正常生产活动的事件。生产现场人多事杂，突发问题不可避免，这就需要班组长处变不惊，冷静分析，果断做出决定，稳住局面，并把负面影响降到最低。

当发生突发事件时，班组长应该按下列要求处理问题：

（1）迅速赶往事发现场，稳定局面，指挥大家采取紧急应对措施。

（2）及时通知事件的责任部门和相关部门，仔细分析事发原因。

（3）果断采取措施解决问题，吸取教训，积极寻找预防和控制的方法。

3. 第一时间解决重大问题

重大问题是指问题的性质非常严重，会对生产活动造成严重危害的事件。对于重大危害性事件，班组长务必要在第一时间分析情况迅速处理好，并把处理结果汇报领导。如果不及时处理的话，可能会产生严重的后果。

怎样进行日常作业检查与巡查

现场巡视是指班组长深入作业现场，及时发现问题并解决问题的一种现场管理的作业方法。现场巡视是以"巡"与"视"为主要作业行为，主要包括作业检查与巡查。

检查和巡查的内容包括：现场作业人员工作状况、出勤率、违规情况等，秩序状况正常与否，作业节奏是否正常，作业品质是否出现问题，是否出现作业意外中断情况，设备的安全、维修、保养状况，物流、人流通道的顺畅情况，安保人员是否到位，出现了什么异常情况，综合分析记录，综合评价报告，责任人签名。

作业的检查和巡查是最基本、最常用也是最有效的管理办法。但是由于班组长对巡查认识不足、不够重视，经常会出现装装样子的情况，从而导致了生产过程中出现问题。要成为一名好的班组长，绝对不可忽视现场巡查工作，并且要及时到位、认真负责，要能发现问题、解决问题。

一、检查

班组长的主要工作任务就是抓好现场生产。有些员工因为自己的疏忽而对生产造成不好的影响，这些需要班组长尽力避免。要达到质量的保证，班组长就要做好工作现场、生产操作、质量、资料保管、设备维护、厂房安全卫生等可能影响产品质量的日常检查管理。

其中，检查的主要内容包括工作检查、自主检查、外协厂商质量管理检查、质量保管检查、设备维护检查和厂房安全卫生检查。

1. 工作检查

仅靠班组长一个人是不能完成的，必须和各部门主管协商好，由他们配合执行。

（1）频率：一般情况下每周 1 次，每次 2~3 人；新进员工开始时每周 1 次，至少持续一个月；新进员工操作熟练后，与其他员工一样，依正常频率。如果有特殊、重大的工作，就要根据实际情况来确定。

（2）根据检查的情况制定工作检查表，要清楚地反映各个阶段的工作情况。

2. 自主检查

对每个检查站进行随意检查，每 2~3 天检查一次，但可以根据情况进行调整。

3. 外协厂商质量管理检查

（1）质量管理部门应该要和相关部门工作人员，不定期巡查各协作厂商、原料供应加工厂商的情况。

（2）根据检查的结果制作外协厂商质量管理检查表。

4. 质量保管检查

（1）检查对象：原料、加工品、半成品、成品等。

（2）频率：每周 1 次。

（3）制作质量保管检查表。

5. 设备维护检查

频率：每周 2 次，每次 2~3 台设备。

6. 厂房安全卫生检查

频率：每周 1 次。

二、巡查

1. 巡查原因

巡查要求班组长从产品上线时就要开始进行，直到产品完全生产好。及时进行跟踪巡查，主要有两方面原因：

（1）产品上线从开料时就进行跟踪，零部件相对较少，便于认识产品，若在生产过程才去巡查，在制品及零部件较多，很难辨认。

（2）有利于跟踪生产进度，全面把握生产进程，及时发现并解决问题，避免了不必要的疏忽和错误。

2. 巡查的主要内容

巡回检查工作做得好，有利于生产的稳定和正常进行，能够及时发现生产中出现的各种问题，并能及时解决，杜绝生产异常现象和各类事故的发生。

（1）检查班组辖区门、窗、玻璃的完好情况，有无不安全因素等。

（2）检查各岗位是否按时记录，记录是否整洁，字体是否标准化，巡回检查是否进行。

（3）检查水、电、汽、煤气供应情况。

（4）检查生产、岗位卫生、劳动纪律等情况。

（5）检查各控制点的质量情况。

（6）检查各工艺条件的执行和变化情况。

（7）检查设备、管线、阀门的工作状况，有无异常情况。

（8）检查设备润滑、卫生情况。

（9）检查安全生产及不安全因素整改情况。

3. 巡查的基本要求

（1）车间根据生产技术部门规定的重点巡查点，结合本车间及班组的实际情况，制订出本车间各班组和岗位的巡查路线。

（2）每个生产班组和岗位的巡查路线，必须以图示形式在岗位或控制室内展示出来。

（3）每个重点巡查点必须挂上巡回检查牌，牌上标有时刻标记。

（4）必须按所规定的间隔时间进行巡查，按巡查路线正点±10分钟上岗检查。

（5）检查时必须认真、细致，发现问题应及时处理，不能处理的问题要立即报告上级。

（6）每检查完一个点要转动检查牌，使牌上所指时刻与实际检查时间相符方可进行下一个点的检查。

（7）做好岗位巡查记录，对发现的问题及处理情况做详细的记录。

（8）每班组要做到各生产岗位巡查两次（上下班前各一次），对查出的问题要及时处理，对解决不了的重大问题，要及时向相关主管领导汇报，并采取有效措施，防止事态扩大。

4. 巡查方法

巡查可以将"五官"结合起来，仔细"感受"生产中的不利因素。

（1）看。看工艺条件是否能够得到稳定的控制，看周围的生产环境是否正常。

（2）听。听机器设备、管线及周围是否有异常声音。

（3）查。查机器设备、阀门、管线是否有跑、冒、滴、漏现象。

（4）摸。摸机器设备、管线的振动情况，感受其温度是否异常。

（5）闻。闻机器设备及生产中是否有异常气味。

三、检查与巡查的主要方式

从时间上讲，检查与巡查的方式分为定期巡视和非定期巡视；从范围上讲，可以分为全面巡视和专题巡视。

1. 定期巡视与非定期巡视

定期巡视是指按照已经确定的时间来对工作进行巡视。如每周五下午全体管理者对各个工作部门进行巡视，每天早上对作业人员的工作进行巡视，这是一种稳定的、常规的巡视方法，很多企业都采用这种方法。

不定期巡视是一种自发的、随机的巡视活动，可以发生在任何时候。巡视者对生产现场的巡视不是随意的，而是带有目的性的，为了检查生产中各部门和各作业人员的自觉度。

2. 全面巡视与专题巡视

全面巡视是指对生产现场的全部范围进行巡视；专题巡视是指对生产现场的某些局部进行巡视，如作业人员的素养巡视、生产安全巡视、物品摆放巡视等。

怎样进行交接班管理

工作交接，又称交班，通常发生于执行同一个生产计划，相同作业场所、使用相同设备进行交替工作的班组之间，由前后工作的出勤班组长和上级领导一同进行。当然，在具体的交接过程中，还要依情况而定，有时班组骨干或相关工作人员也需要参与工作交接。

前后勤务的工作交接是班组长的基本工作任务，其主要目的在于确保工作的顺利进行，避免因为信息流通不畅而让工作受到阻碍。

对于交班的班组长来说，交接到位是交接班的基本要求，只有具备了这样的心态，班组长一天的工作才算顺利完成。可是，如何才能算得上是交接到位呢？

通常情况下，交接人员应该将设备的使用情况，特别是设备故障的排除经过、现状以及隐藏的缺陷，一五一十地告诉接班人员，或是在"交接班记录簿"（见表1-4）上详细记录。接班人员要对汇报和记录核实，并及时和交接人员会同思考排除故障的方法及应对措施，等到故障排除后，才可接班继续进行工作。但接班人员如果想要继续加工原工作班组开始生产的工序或零件，也能够不停车交接。

表 1-4 交接班记录簿

部门：　　　　　　　　班组：

日　期	交接班时间	交班人	接班人	交接情况	交接物品、工具等	备　注

生产准备在部门间如何分工

新产品的生产准备不是一个部门或者一个人可以全权负责完成的，它需要各部门之间分工合作，协调各项事务，一同为生产做好充足准备。涉及的部门主要有设计部、营业部、工程技术部、采购部、制造部、品质部，各部门的分工情况如表 1-5 所示。

表 1-5 生产准备部门的基本分工

序　号	部　门	职　能
1	设计部	设计满足客户要求的新产品
2	营业部	对客户、市场需求的把握，客户资料
3	工程技术部	研究如何经济、合理地制造出新产品
4	采购部	购买零部件、辅助材料、设备仪器
5	制造部	综合人员、机械设备、物料、方法、环境五要素，制造新产品
6	品质部	原材料、在产品成品的品质控制

第四节 班组作业后的现场管理

日常工作 QCDS 的推行

现场管理的 QCDS 是指质量（Quality）、成本（Cot）、交货期（Delivery）、安全（Safety）管理。

一、Q——现场的质量管理

在生产现场，想要做好保质保量、避免失误就要遵守以下几个原则：

1. 取消作业

对于不易掌握、难度较大的作业，尽量取消或选择其他的方式代替。

2. 尽量不要用人来控制

人通常受到起伏不定的思想与情绪的控制，而这些或多或少会对工作造成影响。因此，能用机器设备控制的时候，就不要用人来控制，如此就能够避免很多误差的出现。

3. 作业简化

面对相对复杂的作业，可以通过分解、合作、删除等方式进行简化，以便于作业。

4. 加强检查

采取各种对策都无法杜绝问题的发生时，只有通过检查来防止不良品进入下一个程序。检查点的设置是检查的关键所在，在检查时，需特别注意有没有遗漏的地方。

二、C——现场的成本管理

在现场避免降低成本的最佳方法就是避免一些不必要的损失，因而需注意以下七个方面：

1. 提高质量

这里的质量指管理人员及员工的工作过程的质量，包括制作、设计、销售、服务的工作质量。提高了工作过程的质量，就能够减少失误，提高合格率，缩短交货期时间，减少资源耗用，减少机器的维修，从而降低营运的成本。

2. 提高生产力

当投入多，产出少，生产力就低下；当投入一般，产出一般，生产力就一般；当投入少，产出多，那么生产力就呈比较少的状态。这里的投入指人力资源、设置和材料等项目，产出指产品、服务及附加值等项目。可以通过减少作业人员、精密使用机器、节约材料等措施来提高生产力。生产力提高了，就可以降低生产成本。

3. 缩短生产线

如果生产线过于冗长，那么就需要更多的员工、机器，就会延长生产交货期。要根据生产产品的实际情况，尽量在不影响生产的情况下将生产线缩到最短。

4. 降低库存

过多的库存占用空间，延长了生产交期，产生了搬运和储存的需求，而且占用了流动资金，这些库存"躺"在仓库里，不能产生任何的附加值，如果产品跟不上市场，就可能会变成废品。

5. 减少空间

现场改善一般通过消除输送带生产线或缩短生产线，把分离的工作站并入主体生产线来降低库存，减少搬运。这样就可以减少作业的空间，而释放出来的空间则可以新增生产线。

6. 减少机器停机时间

如果机器因为故障停机，就会造成生产活动停止，工厂往往会采取大量手工的措施弥补因停机带来的损失，结果导致过多的半成品、过多的库存和过多的维修工作，质量也会受损害。所以，工厂要尽量减少停机的时间，以减少运营成本。

7. 现场对总成本降低的作用

如果现场的生产线长、空间浪费、机器停机，就会增加运营成本，所以，改善应当从现场开始。现场可以直接反映出各部门工作的不足，可以反映出企业管理制度的质量，一家好的企业，肯定有好的生产现场。

三、D——交货期

交货期指及时送达所需数量的服务或产品的日期，是从企业支付购进材料和耗材开始，到企业收到售货物的货款的时间为止。所以，交货期时间的长短代表了资金周转率的高低。通常情况下，交货期越短，资源周转率越高，生产效率也更高。

四、S——安全管理

班组长应该根据公司相关安全保护的基本方针和计划做好安全保护工作。所以，理解安全生产保护的权限与职责，切实做好安全工作，是班组长非常重要的工作内容。

班组长对安全生产的责任有：促进工人提高安全保护意识；建立安全操作程序；指导工人进行安全生产；计划设备和环境的安全保护措施；对现场时刻进行检查，预防事故的发生；在非常时期和事故发生时能够采取相应的措施，并找出事故原因，防止事故再发生等。

班组日常工作 QCDS 要项

在班组进行 QCDS 管理工作时，班组长需要掌握一定的要领。其具体内容如下：

一、现场实际作业应把握的内容

（1）生产作业计划是不是合理明确。

（2）生产计划（工作计划）和实际操作的困难。

（3）因计划的调整对人员、设备以及其他因素的影响。

（4）员工精神状态、士气，人员出勤、异动的状况。

（5）员工的能力、速度、程度等工作技能。

（6）缺料、设备故障等所引起故障的时间。

（7）不良发生原因及应对措施，不良品的处理。

（8）零部件、工装夹具、生产辅料是不是足够齐全。

（9）生产是不是正常，是不是能够顺利完成生产计划。

（10）工作方法是不是合适，是不是存在浪费现象，还有没有需要改善的地方。

二、基本方法

（1）了解生产能力（单位时间产量）。

（2）确保各项信息资源的通畅。

（3）注意员工的精神状态、情绪、工作表现。

三、注意事项

（1）若出现异常现象，必须及时有效地处理，并且报告上司。

（2）通过示范、纠正、直接指导等方式指导员工。

（3）对员工明确说明这样做的原因和必要性。

（4）安排工作时要明确期限和目标，人员尽量精减。

（5）跟踪员工工作进度，评价其工作的结果并予以相应的反馈。

怎样改善现场作业

现场作业改善就是对现场进行持续不断地改进，使工作环境更加优化，使工作流程更加顺畅。现场改善的最终目标就是在保证质量的同时降低成本，缩短交货期，提高资金的流动速度。

一、现场改善的基本原则

在进行现场改善时，要始终遵循环境维持、消除浪费与标准化的原则。

二、现场改善的主要观念

1. 改进与管理并行

在改善领域中，管理具备两项功能：维持、创新。维持是指保持现有的技术、作业标准与员工的训练；而创新是指在现有状况下进行目标性活动。

2. 改进结果以改进过程为前提

在进行现场改善时，更着重于"过程和导向"的思考模式，若目标未能达到，过程必定是失败的，所以改进"结果"的前提是改进"过程"。

3. 遵循 PDCA 循环或 SDCA 循环原则

PDCA，是计划（Plan）、执行（Do）、检查（Check）和处理（Action）英语单词的第一个字母，它表示改进。P 是计划，包括方针和目标的确定以及活动计划的制定；D 是执行，具体运作，实现计划中的内容；C 是检查，即总结执行计划的结果，分清哪些对了、哪些错了，明确效果，找出问题；A 是处理，即对检查的结果进行处理，对成功的经验加以肯定，并予以标准化，对于失败的教训也要总结，引起重视。对于没有解决的问题，应提交到下一个 PDCA 循环中去解决。PDCA 循环就是按照这样的顺序进行质量管理，并且循环不止地进行下去的 PDCA 科学程序。

SDCA，即标准化（Standard）、执行（Do）、检查（Check）、处理（Action）英语单词的第一个字母，它表示维持。S 是标准，即企业为提高产品质量编制出的各种质量体系文件；D 是执行，即执行质量体系文件；C 是检查，即质量体系的内容审核和各种检查；A 是处理，即通过对质量体系的评审，做出相应处置。不断的 SDCA 循环将保证质量体系有效运行，并最终实现预期的质量目标。

4. 将质量放在第一位

在生产的过程中，若要达到品质第一，必要以实现质量、成本和交货期为前提。在班组中，要始终贯穿"质量第一"的观念，并获得管理阶层的认可与支持。

5. 下一个流程就是顾客

所有的产品与工作，实质上都是为客户服务的。身为班组长，要始终铭记"作业的好坏由后工程的评价来定"的理念，这是生产活动中不可忘记的事情。

三、现场改善的主要活动

1. 进行全面的质量管理

全面质量管理的核心宗旨是内部质量管理与外部质量认证。

2. 制定准时制

准时生产是在所需要的时刻，按所需要的数量生产所需要的产品（或零部件）。制定准时制的目的是加速流转，将资金的积压减到最低的限度，从而提高企业的生产效率。

3. 提案建议制度

提案建议制度是"个人导向"改善活动之一，其主要目的在于激励员工的工作热情、提高员工的士气。

4. 全员生产保全

全员生产保全活动着重于设备质量的改进，追求设备效率的最大化。

5. 小集团活动

在工作现场，以自愿、非正式的形式组成团体，去执行一项特定的工作任务。一般情况下，小集团活动是以质量圈的形态存在的，其成立的活动宗旨不仅限于质量，也包含了成本、安全和生产力等各个方面。

四、现场改善的四步法

现场作业改善四步法，指的是把现场改善计划划分为四个阶段。这四个阶段并非 PDCA 改善循环，而是以有效利用现场的人力、工具设备和材料为目的展开的活动。其具体步骤如下：

1. 作业分解

（1）对现场作业方法进行真实地记录，列出每一步进行的作业动作。

（2）准确区分项目明细类别，并将其分为搬运作业、机械作业、手工作业。

（3）对作业中的状态、条件和问题要点进行详细的记录。

2. 项目明细设问

（1）进行 4M 条件配置设问。

1）Machine（设备、机械、工具、仪表）：如何进行最大限度地使用？是否充分利用运转间歇时间呢？能否有效利用测量仪表？有无确实开展维修和点检？

2）Method（方法、配置、设计）：对于作业的要求明确吗？附加润饰是否必要、公差是否恰当？前后工序是否做好衔接工作？作业安全性怎样？

3）Men（加工人员、检查人员、搬运人员）：工作技能足够吗？是否遵守作业标准？作业条件与环境如何？工作干劲高不高？

4）Material（原材料、半成品、成品）：材料库存放、搬动方式合理否？材料品质如何？物料成本是多少？材料库存的状况如何？

（2）进行动作有效性和经济性设问。

1）动作要素分析：有效动作要素主要包括移物、放手、装配、使用、伸手、握取、拆卸等方面。辅助动作要素主要包括寻找、对准、定位、持住、选择、检查等方面。无效动作要素主要包括休息、迟延、故延、思考等方面。

2）作业安全：生产现场是否存在安全隐患？有否正确使用安全装置？

3）作业环境：整理、整顿是否有效进行？不良品放置是否有效？

3. 新方法展开

（1）除去不要的项目明细。

（2）尽可能连接项目明细。

（3）以更好的顺序编排作业。

（4）对必要的项目简单化。

（5）确保作业更安全适宜。

（6）借助协作的力量。

（7）记录新方法的项目明细。

4. 新方法实施

（1）让上司理解新方法。

（2）让下属理解新方法。

（3）征得相关责任者的认同。

（4）新方法的推进和稳固。

（5）承认协助方的功绩。

怎样管理作业日报

作业日报，是企业进行生产经营运作的关键性材料，是制订计划指令的依据，其样式如表 1-6 和表 1-7 所示。

表 1-6　作业日报

班组名：　　　　　　　　日期：　　　　　　填写人名称：

加工时间	订单号	品名/型号	生产量	使用时间（min）	不良数	不良率	备 注
8~9 时							
9~10 时							
10~11 时							
11~12 时							
12~13 时							
13~14 时							
14~15 时							
15~16 时							
16~17 时							
17~18 时							
18~19 时							
19~20 时							
合　计							

人事处理	应到人数		停工记录		异常情况报告	
	请假人数					
	调入人数					
	调出人数					
	新进人数		加班人数		新近离职人员	
	离职人数		新加工时			
	实到人数		应有工时			

表1-7　班组长日志表

组别：　　　　　　　　　　　　　　组长：　　　　　　　　　　　年　月　日

计划生产品种	实际生产品种	计划生产数量	实际生产数量	入库数量	待验数量	损耗数量	未达到原因
合　计							

人员出勤及安排			设备使用及维修情况	生产作业过程记录	备　注
应到		请假		实到	
调出		调入		实有	
人员安排					

一、作业日报的作用

一般情况下，作业日报的作用如下：

（1）是品质管理、成本管理、交货期管理、安全管理等多个项目管理的工具。

（2）在与其他部门、上级之间传递情报、交流信息时更加顺畅、方便。

（3）突发异常状况，可作为原因追踪材料。

（4）是管理者掌握现场状况的"得力助手"。

二、作业日报的填写

（1）向工作人员详细说明工作日报的作用，让这种观念深入人心。

（2）班组名、作业者名、产品名等基本内容可由现场办公室人员填写，之后再发给作业者填写剩余内容。

（3）因生产数量、加工时间等基本作业情况只有作业者个人才最清楚，所以要由作业者亲自记录。

（4）养成填完作业日报后再确认的良好习惯。

（5）班组长需认真查看作业日报，及时指出异常点并协助解决问题，形成良好的互动局面。

（6）现场人员根据日报把握作业的异常趋向，并针对这种趋向实施重点指导。

三、作业日报的管理

管理作业日报，应把握的内容如下：

（1）每位员工的工作日报是不是准确无误。

（2）材料、作业、产品是否存在异常。

（3）每位员工的作业效率是不是达到预期目标。

（4）作业效率是提高还是下降，并找到出现这种结果的原因。

（5）整体效率是不是反映出每位员工的工作效率。

（6）生产效率与设备效率的变化情况。

（7）是不是完成了生产计划，交货期是缩短了还是延长了。

（8）不良状况怎样，是不是存在工时损失。

（9）实际工时与人员配置是不是合理。

（10）哪些地方还需要改善，整体实绩怎样。

怎样改善现场作业执行

一个不进行现场作业改善的班组长很可能会让作业现场陷入混乱之中。当然，即便进行现场作业改善工作，倘若仅仅采取敷衍的方式，其结果也是不理想的。不过，只要按部就班地依照下述要领，并在改善的过程中导入QC（Quality Control，质量控制）的要诀，那么效果就会更加显著了。

QC要诀主要包括哪些方面的内容呢？

一、将眼光放在重要项目上

（1）在心里始终保持"维持现状是不是好呢？"的疑问。

（2）灵活运用各种查核表找到问题的突破口。

（3）询问在现场作业员工的意见。

二、客观地掌握现状

（1）将现场的状况详细记录下来。

（2）把观察所得的要点记录下来。

（3）若有必要，可做出详细资料。

三、深入问题的核心进行检查

（1）思考问题的本质。

（2）多角度分析问题的缺点。

（3）要把搜集得来的资料进行仔细分析。

（4）多听取他人的意见。

（5）若有必要，可开会讨论。

四、制订改进方案

（1）参考其他公司成功的案例。

（2）听取各方人士的意见。

（3）召集员工进行研究。

（4）经过仔细思量后，整理出一套完整实施计划，并付诸实施。

（5）要考虑到付诸行动后的结果。

五、实施改进方案并检查实施的结果

（1）必要的话，可上呈上司后再实施。

（2）取得各有关人员的认可。

（3）在付诸实施时，要与负责执行的人员讲解清楚。

（4）要客观地看待执行结果，若效果良好，便可定案，并加以标准化；若效果欠佳，便要再次讨论改进方案。

第二章 生产环境管理：班组改善作业的关键

第一节 班组现场作业环境管理概述

作业现场环境设计要点

班组现场环境，指班组成员进行生产劳动的场所的安全卫生情况，包括生产工艺、设备、材料、操作空间、操作程序、操作体位、工位器具、劳动组织、气象条件等。现场环境的设计看似简单，实则也是一门学问。通常情况下，对于一个班组来说，其现场环境的设计有以下几点要求：

（1）作业现场的布置虽然不能让所有人满足，但至少要有90%以上的人能够在里面正常工作。

（2）车间工艺设备的平面布置，除了符合安全、卫生等规定外，还需具有一定的工艺性。

（3）对于一些有害物质的发生源需要布置在自然通风或机械通风的下风侧。

（4）如通风设备、清理滚筒等产生强烈噪声的设备，不能采取一定的措施减噪时，应该将其布置在远离生产区的地方。

（5）布置大型机器设备时，不仅要考虑充足出料空间和宽敞通道的问题，还要考虑操作时材料摆放的问题。设备工作必须有便于存放材料、半成品、成品和废料的空间，保证通畅无阻。此外，设备工作也要符合生产要求，使操作者的动作不会影响到其他工作人员。

（6）不允许工艺设备的控制台（操纵台）遮住机器和工作场地的重要部位。

（7）合理布置加工设备，并划出安全距离，不仅要保证操作人员具有一定的作业空间，还要避免因设备间距太小而产生安全隐患。

合理设计作业环境的要素

合理设计现场作业环境就是把作业现场环境中的各要素都设置在最优状态，如此便能让工作人员发挥最佳的水平，保持最高的效率。通常情况下，合理设计作业环境应该考虑以下几个要素。

一、空间

人与房间层高的关系是具有科学依据的，通常情况下，房间活动人数与层高是成正比的。按照国家标准，每一个人必须有 3 立方米的空间，如此才有足够的氧气呼吸。

二、光照度

班组现场作业的光照度应具备以下几个方面：

（1）车间工作空间需要具备良好的光照度，通常工作面高于 50 勒克斯。

（2）采用自然光照明时，防止太阳光直射工作空间。

（3）采用人工照明时，不能让光电保护装置受到干扰，以防产生频闪效应。除安全灯和指示灯外，不应该采用有色光源照明。

（4）若室内光照不足，就要采取局部照明的方式。

1）对局部照明光源的色调而言，只要与整体光源一致即可。

2）对局部照明的均匀度而言，其工作点最大为 1∶5，工作地（工作位置及其周围的场地，泛指车间地面）最大为 1∶3。

3）对于局面照明的亮度对比而言，冲压件与压力机底的比为 3∶1，压力机与周围环境的比为 10∶1，灯光与周围环境为 20∶1。

（5）电弧焊、气焊光及燃烧火焰等与采光的照明无关的发光体，不得直接进入操作者的视野，反射亦不可。

（6）局部照明选择使用 36 伏的安全电压。

（7）照明器要保持清洁，时常擦洗。

三、温度

温度环境主要包括湿度、空气流动速度等因素，而这些因素是任何环境都会遇到的问题。温度是工作现场最重要的条件之一，工作设施内需要有合适的温度。通常情况下，最合适的温度是根据当地气候、温度、工作强度等而定的。在作业环境中，首先要保持良好的通风，让环境的温度、湿度和空气的新鲜度维持在最佳的状态，最重要的是工作人员要感到舒服。对于一般强度的坐姿工作，20~25℃时工人的生产效率是最高的，若无法达到合适的温度，工人的生产效率就会下降。

四、清洁度

一些工作现场对于清洁度的要求很高，如光学仪器、精密电子产品和特殊化学物质生产等。有一个单晶硅厂，有两条十分奇怪的规定：第一，员工在上班之前必须洗澡，然后凭洗澡证上班。在进入车间之前，还要在风淋室抽一下，将身上的灰尘抽干净，换上整齐的工作服。第二，员工不能吃鱼虾。这是因为员工吃鱼虾后，呼出的气息中就会带有磷，产品遇磷后产生化学反应就会全部报废。此外，因为对环境清洁度的要求如此之高，所以这个工厂是谢绝参观的。

五、噪声

噪声是生产、运输中最常见的一种污染。国家规定，工厂的噪声不能超过 75 分贝，噪声强度超过 130 分贝就会对人的机体造成伤害。

六、工作地面

工作地面是指作业场所的地面，其作业环境的要求是：

（1）工作现场的车间地面必须时刻保持整洁，并经常清洁，地面须稳固，可以承受一定的负荷。

（2）在工作附近的地面上不能存放任何与生产无关的物品，不允许有水、黄油等存在，经常有液体的地面，要做好防水、排泄工作。

（3）机械基础应有液体贮存器，以收集由管路泄漏的液体。贮存器能够专门制作，也能够与基底连接到一起，形成坑槽。贮存器需要有一定的坡度，以便排除液体。

（4）车间工作地面需防滑。机械基础或底坑的盖板，必须焊有防滑钢筋，或覆有花纹钢板。

七、震动

震动是工作中最常见的污染之一。它不但会对人的耐久力和操作精度造成影响，长时间如此还会患上职业病，让人感到不适，甚至疲劳虚弱，影响人的视力和操作效率，增加失误。所以，在工作现场必须采取减轻震动的措施。

八、污染

污染主要包括大气污染、水源污染、土壤污染等。污染不但对作业现场造成不利影响，还会影响员工的身体，导致产品质量和工作效率的降低。所以，作为班组长，必须带领员工按照正确的方式对生产现场的污染情况进行治理。

九、防护

在工作现场须安装防护装置，从而避免在生产过程中，因为操作不当或者机器故障发生事故。

作业现场标识管理

现场标识管理，指在企业现场生产的过程中，为方便管理、提高效率、减少安全隐患而在相应的区域内设立标识的一种管理方式。作为班组长，若要让作业现场保持一个良好的环境，标识工作很重要。因为系统、有序的标识管理能够有效、精确地掌握生产要素的状态，为提高工作效率打造坚实的基础。

一、人员标识

因作业现场人员流动性大（如岗位调换、空间移动等），与外界之间的信息交流频繁，若缺乏标识，很容易让现场的管理陷入混乱。

1. 标识项目

（1）新员工与老员工的标识。

（2）内部员工与外人的标识。

（3）不同职务的标识。

（4）职务与资格的标识。

2. 标识方法

标识的主要方法是视觉（目视）管理。

（1）不同穿戴标识法。用不同颜色、款式、质地等代表不同的含义，如内部员工需要穿戴规定服饰；新员工的头巾、帽子等服装颜色和老员工不同。

（2）不同佩戴标识法。用胸章、肩章、厂牌、袖章等来识别，如取得粘接、焊锡等特殊技能资格的人，需要佩戴相应的"认定章"。

（3）作业工具、防护标识法。如防静电要求高的作业需要佩戴导电手腕带，电工总是在腰间佩挂测电工具等。

二、材料标识

材料标识管理是现场作业管理中最容易出现纰漏的项目之一。良品与不良品相互混淆、误使用其他材料、缺斤短两……每一个项目的失误都与标识管理欠佳有关。举手之劳的一个识别项目，一旦失手，有时会造成不可挽回的损失。

1. 标识项目

（1）良品与不良品的识别。

（2）保管条件的识别。

（3）品名、编号、数量、来历、状态的识别。

2. 标识方法

（1）在实物或外包装上，用带有颜色的标签或文字进行识别。如不良品贴上红色标签或用红色油笔写上"不可使用"的字样，若有必要，还要用箭头指明不良之处。

（2）托载工具上识别。如指定绿色、黑色的才能装良品，红色的托盒、台车、托架、箱子等只能装载不良品。

（3）区分摆放。对于贵重材料、危险材料等，最有效的标识方式就是区分摆放并贴上明显的标识。不同材料摆放在同一货架上时，也要对货架进行适当区分。一般情况下，小的、轻的放到上层，大的、重的、不易拿的放到下层，每一层都要贴上明显的标牌。

三、设备标识

1. 标识项目

（1）名称、操作人员、维护人员、运作状态、管理编号、精度校正、设置位置。

（2）操作流程示意。

（3）安全逃生、声明救急装置。

2. 标识方法

（1）对大型设备的占地位置，画上指定范围。

（2）粘贴或在显眼的地方悬挂标牌，特别是在判定某设备运作异常之后，需要悬挂明显的标牌以示警告。若有必要，还需在该标牌上附上判定人员的签名和判定日期等，之后从现场撤离，这样其他人才不会再次使用。

（3）规划专用场地，并设警告提示。对湿度、静电、振动、光线、噪声、粉尘等环境条件要求苛刻的设备，可以设置专用场地，以示警告。

（4）设置颜色鲜艳的隔离装置。对于仅是警告标志还不能阻止危险发生的地方，最好采取隔离的方法。若无法隔离，应该设置紧急停止装置，以保证现场工作人员的人身安全。

（5）声音、灯光提示。在正常作业情况下绿灯亮，异常情况下红灯亮。

（6）痕迹留底识别。设备操作中最常见的一种识别手法就是痕迹留底。有时候，维修人员拆卸后，就无法迅速、准确地将原件复位，导致设备运作不顺畅甚至反复调整。因此设备尤其是精密设备一旦设定好最佳运作位置后就不应再改变。

四、环境标识

1. 标识项目

（1）厂区平面分布，如通道、外运车辆、禁烟区、停车场、建筑物等的识别区。

（2）建筑物内部各部门所在位置的识别。

（3）各种动力电线、水管、气管、油管、通信设备等的识别。

（4）各种电、气、水、控制开关的识别。

（5）各种文件、阅读物的识别。

2. 标识方法

（1）标牌识别。这种方法是比较常用的，不但简单易行，而且效果显著。如在车间内可直接将编号或标牌钉在进出口处；电线、管道在安装时，要打印上编号或挂上标牌；禁烟区则悬挂禁烟令牌；电器开关用显眼甚至是带有防止触动工程的标牌。

不过，当识别对象发生改变时，标牌也要及时更换。

（2）颜色识别。如通道用黄色线隔离，作业区刷成绿色，消防水管刷成紫色等。因为人的视觉在面对色彩时所受到的冲击性较为强烈，在这一点上，色彩远胜于文字。不过，不论用什么油漆刷，都要定期重刷，不然油漆剥落，视觉效果会差一些。

五、作业标识

1. 标识项目

（1）作业的承担者、有效日期、实施担当的识别。

（2）作业布局、工艺流程、品质重点控制项目的标识。

（3）作业过程、结果如何的标识。

（4）具体作业指示、特别注意事项等的标识。

2. 标识方法

（1）用文字、图片、样品等可识别的工具进行识别。如果是流水线的生产方式，只需要在第一工序中识别生产内容即可，不需要把每一个工序都识别出来。不过，如果是单一工序作业，就需要识别作业内容，而且识别的方法要显眼，以便自己与作业人员查看。

（2）颜色识别。班组长在实际指导作业人员工作时，让作业人员仔细阅读"标准作业书"且按部就班地执行，其效果远远不及班组长出示样品与言传身教来得好。为了防止作业人员犯同样的作业错误，班组长可将作业的要点提炼出来，并且用带有颜色的笔圈出来，悬挂到明显的位置。

第二节　班组现场清洁 5S 管理的推行

现场管理的最佳工具——5S

对于在现场作业的员工来说，其理想莫过于拥有良好的工作环境和融洽的管理气氛。进行 5S 管理的目的就是塑造安全、舒适、明亮的工作环境，提升作业人员真、善、美的品质，进而塑造一个良好的企业形象，实现共同的梦想。

可是，什么是 5S 管理呢？

5S 管理就是指对整理（Seiri）、整顿（Seiton）、清扫（Seiso）、清洁（Seiketsu）和素养（Shitsuke）5 个项目的管理，因均是以"S"开头，所以简称 5S 管理。

一、Seiri——整理

整理，就是指将混乱的状态收拾得井然有序。换句话说，就是先判断哪些是不需要的东西，然后将其丢掉。

二、Seiton——整顿

整顿，就是指整理散乱的东西，使其处于整齐的状态。这样做的目的是让作业人员在必要的时候快速找到必要的东西。可以说，整顿比整理更深一步，其具体作用表现在：

（1）能迅速找到所需的东西。

（2）能迅速使用所需的东西。

（3）在使用时处于节约的状态。

三、Seiso——清扫

清扫，就是指清除垃圾、污物、异物等，把工作场所打扫得干干净净。工厂在推行 5S 时，清理的主要对象是：

（1）地板、墙壁、天花板、橱柜、工具架等。

（2）工具、机器等。

四、Seiketsu——清洁

清洁，指的是保持现场的干净整洁，无污物。换句话说，就是一直保持在清洁后的状态中。

经过一次又一次地清扫之后，让机器和地板时刻保持在清洁的状态，让人看到之后心情愉悦。

五、Shitsuke——素养

素养，指的是在仪表和礼仪方面做得很好，并严格遵守企业推行的 5S 活动，养成良好的习惯。

素养是"5S 管理"的核心，若作业人员的素养得不到提高，那么各项活动都不能顺利进行，即便开展了也坚持不了多久。

此外，还要说明的是，如今很多企业在推行 5S 管理时采取承包制，也就是说，将车间内的所有物品、设备和场地全部承包给车间员工，做到每一件物品、每一片场地都有员工负责，都能够找到责任人。生产班组是车间的一部分，其 5S 的推行方法也可效仿车间，采用承包制。

其具体方案如下：

（1）生产线上的员工承包其工作的这一段生产线的清洁工作。

（2）生产线上的员工承包其工作台面符合 5S 的要求。

（3）生产线上的员工承包分配给其的物料区符合 5S 的要求。

（4）生产线上的员工承包其物料盛放容器及物料的标识符合 5S 的要求。

（5）班组长承包其整个班组范围内达到 5S 的要求。

5S 管理推进的三个阶段

一些班组长在生产现场实施 5S 活动时，总是存在这样的疑惑："5S 的各个环节是不是可以同时推进？"在这里需要说明的是，若企业未具有一定规模或具备一定基础，最好不要同时推进。

多数企业在实施 5S 管理时，都是先做好整理、整顿，之后才进行部分清扫。清扫到一定程度，设备检查、检点、保养和维修具备了一定工业条件后才可导入清洁这一最高形式。而之所以强调清洁，就是让整理、整顿、清扫达到一种标准化或制度化。只有让企业内部从上到下的各个工作人员都能遵守这一标准，形成良好习惯，才能使 5S 活动顺利推行，而也只有有一个风气良好并有秩序的公司，才能形成优秀的企业文化。

通常情况下，推行 5S 管理主要分为以下三个阶段：

第一阶段：秩序化阶段。

这一阶段的标准主要由公司制定，目的是让员工养成良好习惯，让企业生产现场环境超过之前的水平。其具体规定如下：

（1）实行领班值日制（清扫值日制）。所谓领班值日制（亦叫作清扫值日制），就是指每天都会指派特定的人负责清扫或检查，全班组人员轮流值日，包括班组长在内。

（2）区域的规划。每一区域都由指定的部门负责，而负责该区域的该部门中的所有员工均需承担相应责任。

（3）寻找物品的时间要缩短，规定在 30 秒钟内必须取出来、放好。

（4）要保持现场环境的清洁、美化，无噪声。

（5）要在现场注明标识。

（6）要做好现场的安全保护工作，将保护用具、消防设备等放到显眼的地方。

第二阶段：活力化阶段。

在推行各种改善活动的过程中，让班组的每个员工都能主动参与，让企业上下充满生机和活力。有了这种生机、活力之后，就能够形成一种良好的工作氛围。其具体实施内容如下：

（1）清理废料、废品。

（2）对生产现场进行大扫除，全面清扫地面，清扫灰尘污垢。

（3）现场所有设备都要经过仔细检查、保养、防尘。

（4）清扫用具的管理。

第三阶段：透明化阶段。

（1）积极采用合理化建议或合理化提案。

（2）看板管理。

（3）全面导入目视管理。

（4）建立改善的档案。

（5）运用网络建立数据库。

作为初学者，如果对以上三个阶段的内容不能全面理解的话，图 2-1 或许可以帮助你更直观地进行了解和分析。

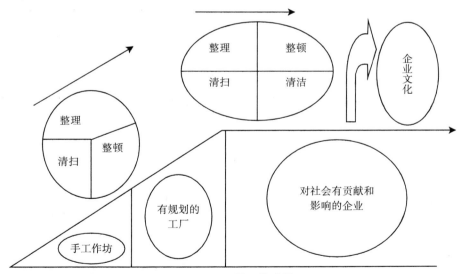

图 2-1　5S 管理推进图

在图 2-1 中，不同球区代表了不同阶段。第一个球区表示第一阶段：球区中主要分为整理、整顿、清扫三等份，也就是说 3S 是这一阶段的重头戏。

第二个球区表示第二阶段：在这一阶段中所采取的是 4S 管理，即整理、整顿、清扫与清洁。清洁就是班组规范化、制度化的标志。第三个球区表示第三阶段：让每一个员工都养成良好习惯，形成企业文化，让企业的发展步步高升。

开展 5S 活动的三大原则

在推行 5S 活动时，需遵循以下原则：

一、自我管理原则

一个整齐、清洁、方便、安全的工作环境，不能只靠增添设备，也不能只靠别人创造，而是要由现场作业人员自己动手创造。为了实现这一目标，班组作业人员要在改造客观环境的同时，改造自己的主观世界，养成遵守秩序、严格要求自己的风气与习惯。因为自己动手创造的成果，才更容易坚持下去。

二、勤俭办厂原则

在开展 5S 活动的过程中，必然会从现场清理出很多没用的东西。其中，有的只是在现场没用，但是在其他地方有用。即使真的要报废，也要按照报废程序办理并收回其"残值"，不可不分青红皂白当作垃圾一扔了之。对于置企业财产于不顾的"败家子"作风，应及时制止、批评、教育，视情节轻重给予相应的处分。

三、持之以恒原则

5S 活动开展初期，其方案较容易执行，且可在短时间内收到明显效果。但是想要持之以恒，不断改善、优化执行方案，就比较困难了。在开展过 5S 活动的诸多企业中，很多都发生过"一紧、二松、三垮台、四重来"的现象。因此，开展 5S 活动，贵在坚持。为了秉持这一原则，企业首先应将 5S 活动纳入岗位责任制，让每一个部门、每一个员工都能够明确自身的责任；其次，要认真、严格地搞好检查、评比和考核工作，并将考核的结果与各个部门的各个员工挂钩。检查考核后，还需要针对当前所面临的问题，提出改进措施和计划，使 5S 活动坚持不懈地开展下去。

推行 5S 活动的步骤

对于班组长而言，即便熟练掌握了 5S 管理的基础知识，却不一定具备推行 5S 活动的能力。在推行 5S 活动的企业中，因为推行步骤、方法不当事倍功半的例子并不少见。可见，掌握正确步骤是至关重要的。

一、整理的步骤

1. 现场检查

对生产现场进行全面检查，如桌椅底部、橱柜的顶部、设备的内部等。

2. 区分必需品和非必需品

对物品的重要性进行正确判断，准确区分必需品和非必需品，用恰当的方式管理使用频率不同的必需品，及时清扫非必需品。

3. 清理非必需品

在清理非必需品时，要看该物品"现在是否有使用价值"，并非看其"购置价值"。

4. 非必需品的处理

对于没有使用价值的物品，可以采取折旧变卖的方式进行处理或是转为他用。对于依然存在使用价值的物品，如机密专利类的、安全环保产生影响的需以特别方式处理，普通废弃物类的需进行分类出售。

5. 每天循环整理

因为现场每天都在变化，昨天的必需品或许在今天就变成了非必需品，今天的需要与明天也不尽相同，所以整理要时时做、日日做，才见成效。

二、整顿的步骤

1. 分析现状

对取物时间为何这样长进行详细的分析：是因为不知道物品放在什么地方？不知道要取的物品是什么？是存放的地方太远？是物品太多、太分散？还是不知道物品是否已用完或别人在用。

所以，在班组内部，必须从物品的名称、分类、放置、距离等方面进行详细分析，找到问题症结所在，对症下药。

2. 物品分类

根据物品的特征、性质、用途等，将具有相同特点、性质和用途的物品划分为同一类型，并制定标准和规范，为物品命名和标识，便于拿取方便、快捷、准确。

3. 存储方法

物品的存储，即定置管理。定置管理分两类：一是固定位置，物品放置的场所固定，并附有固定标识；二是自由位置，相对固定地存在于某一个区域之内，而不是绝对的某个区域。通常情况下，要根据可更换的插牌标识、可移动的边界支架、可移动的货架等区分不同物品。

4. 实施定置

依照确定的存储方式将物品放置在指定的位置，这不仅是在给人立规矩，也是在给物品安家，其主要包括岗位机台定置、工具箱的定置、检验场所的定置、工作场所定置、仓库的定置等。

三、清扫的步骤

1. 准备工作

安全教育优先。班组要通过培训、教育等让员工对设备的内部结构、操作要领等进行详细了解，以防在作业时出现故障、事故等意外。与此同时，还要做好技术准备工作，制定完善的指导作业的技术标准，明确清扫位置、清扫工具以及加油润滑要求。

2. 清除垃圾

作业员工要亲自动手，扫除本岗位的尘污、垃圾，清除长时间堆积的污垢，包括看得见和看不见的地方，不留死角。

3. 检点设备

要定时定期对设备进行清扫，保证设备干净、整洁。清除污垢、灰尘和油污，同时清查设备的异常情况（漏油、裂痕、松动、磨损、变形等），以便及时调换、修复。对气管、油管、压缩机等要留心运转情况，以防滴、漏、跑、冒。

4. 修复维护

对于在清扫过程中发现的异常情况，需要及时采取相应的措施和办法，及时处理。

5. 查明污染源

查明污垢、污染源之后，根除灰尘、油污、碎片的发生；制作污垢来源清单，并且按照计划逐步改善，灭污除垢。

6. 责任制度

制定清扫区域责任制，将责任均分到每个人的身上，杜绝管理死角。

7. 清扫标准

制定清扫标准，明确清扫的责任人、对象、重点、工具、周期、目标等项目，真正实现清扫的标准化。

四、清洁的步骤

1. 对推进人员进行教育

不要认为这是一项简单的管理工作，而放松了对组员的教育。作为班组长，必须将 5S 的基本思想、重要作用向全员讲清楚、说明白，真正做到思想统一，以防 5S 活动中途夭折。

2. 区分必需品和非必需品

将组员带到生产现场，让他们亲自将所有的物品整理清楚，并记录其使用周期，调查物品的情况，区分必需品与非必需品。

3. 清除非必需品

从岗位迅速清除非必需品，绝不拖延到第二天。

4. 规定必需品的定置（位置）

把必需品整理好后，依照规定将其放到指定位置，以防对作业造成不便。

5. 规定放置的方法

明确放置物品的方法，确认放置区域的宽度、高度、长度和方向等。对物品进行清楚标识，向组员说清楚，以便组员识别与记忆，并且按照规定执行。

6. 划定责任区域

明确各区域的责任区和责任人，将清洁的责任落实到每个人的身上。

五、形成素养的步骤

1. 持续推进 5S

持续推进 5S，通过上述 4S 的手段，让作业人员的修养得到提高和改进。

2. 制定规章制度

规章制度是员工进行各种行为的参照标准。企业制定规章制度能够规范和约束员工的言行举止。

3. 教育培训

对员工进行教育，特别是对新入职员工或即将入职的员工强化教育培训，使其迅速达到企业要求的标准。

4. 激发责任感

让员工在 5S 活动亲身感受到推行此项管理的好处，引导其积极参与到活动中，增强其责任感与上进心。

推进 5S 活动的八大方法

在推行 5S 活动时，只有掌握一定的方法，才能真正达到事半功倍的效果；也只有掌握一定的方法，才能保证 5S 活动长久地实施下去。

一、改善环境布局

1. 环境布局设计三原则

（1）时空最短原则。中间没有停滞等待；步行距离最短；搬运次数最少；立体空间得到充分利用。

（2）物流畅通原则。物流流向保持圆圈形或直形，无来回穿插或逆向流动；保持人员、设备、材料、作业方法、环境五要素的严谨管理，方便作业；作业现场无障碍物；各个工序顺利、平稳进行。

（3）适应变动原则。为未来一年的生产需要预留足够的空间；作业台、周转箱、货架须有剩余，以备生产的顺利进行；特殊设备尽量以通用的替代；有足够的备用配件，以防设备突然出现故障；有足够的防护设施，以防异常情况的发生；新设备进场时需保证门户和通道有摆放的场地。

2. 布局设计的注意事项

（1）做详细的平面布置图或立体布置图。

（2）在遵守"轻型设备放高层，重型设备放低层"原则的前提下，要保证物流方向的畅通。

（3）厂房的高度要适用、适中。

（4）在设置区域之前，要将通道规划好。

（5）先设置备料区，再设置产品暂放区。

（6）为此后 3~5 年的产品和规模的需要预留充足的空间。

二、规划作业现场

1. 检查作业现场状况

对作业现场的情况进行严格检查，如作业台的利用率低，空间大却堆满了材料、半成品和工具；作业台的空间小，无立体空间可利用，员工在拿取物品时不方便，耗费时间过长；流水槽或流水台的大小设置极不合理；作业现场摆放了过多的私人物品；台车、材料、半成品、空箱等到处都有，妨碍正常作业。以上现象在企业中很多见，必须改进。

2. 作业现场布置原则

（1）工具物品要放到特定位置，缩短拿取、寻找的时间。

（2）设计自动化流水槽、流水带，使产品、物料等自动到达作业者身边。

（3）采用自动复位装置。

（4）对于某些高频率使用的物料、工具，要放到作业者的身边。

（5）物料、工具等要按最佳的摆放顺序摆放，桌椅、作业台的高度要合适，以方便作业者作业。

（6）照明、采光等要与作业需要相符；温度适宜（如服装加工不可有汗斑）；隔离噪声等。

3. 改善现场作业方法

（1）物料外包装不入现场。工具、物料等的外包装箱尽可能不要进入生产现场，应该用统一的物料包装箱装载货物，以免发泡袋、灰尘、垃圾进入车间现场，导致物流不畅；如果无法避免这种情况的发生，也要及时对外包装箱进行清除，保证现场的整洁，保证物流流向的畅通。

（2）私人物品禁止进入作业现场。为员工设置专门的食堂、餐具、茶水间、更衣室、衣橱、茶柜等。加强对现场的巡查，禁止将私人物品带入现场，禁止将饮料、零食等带入现场，以免造成污染。

（3）设计储运装置充分利用空间。箱盒、货架、料槽、料斗、周转台等按照实际需求设计形状和尺寸；设置扇形作业的范围，让立体空间得到充足利用；类似的物料与不良物品要分别管理和摆放，防止用错；做好标识工作，以便查找和取拿。

三、改善物流状况

1. 物流不畅的原因

物流之所以不畅，原因有三点：一是在布局设计上严重脱离实际；二是一次性正品率低，残次品的处理不及时；三是物流管理不善，调度不及时，死角多、漏洞多，管理水平差等。

2. 改善物流的方法

（1）按当日作业的产量、期货要求等，对投料的数量进行分时段管理。

（2）均衡生产，保持流水作业的畅通。投入准备充分、人员配备合理、流程设置均衡、保质保量、机器出现故障时及时进行维修和处理。

（3）对不良品进行标识管理，并定时定期清理，不堆积。

四、减少搬运作业

作业现场、仓库减少不必要的搬运次数，就能在一定程度上节省人力资源，也能省去一部分时间，如此便减少了失误和混乱。通常情况下，在进行搬运作业时要遵循以下原则：

1. 均衡性原则

对员工的作业量进行衡量，防止有的空闲待料、有的繁忙堆积等类似现象的发生。

2. 机械化原则

若条件允许，可以考虑使用卡板、铲车等，如此，一方面能够提高效率，另一方面也能降低劳动强度。

3. 自动化原则

使用流水槽、传送带、连动装置、机械手、电梯等输送物料。

4. 安全性原则

为防止安全事故发生，需进行规范化作业，并按规定穿戴防护用品。

5. 直线性原则

搬运距离应尽量缩短，重复往返的路线会降低效率。

6. 标准化原则

使用标准的货架、台板、包装箱，以合理利用空间，缩短装卸时间。

五、降低库存数量

1. 库存量两大要素

（1）资金占用。对材料、产品等进行调查，弄清楚哪些库存物资占用的资金较多或最多。

（2）空间占用。对材料、产品进行调查，弄清楚哪些库存物资占用面积大，哪些占用时间长、周期长。

2. 减少材料库存量

（1）与供应商协调好供应关系，做到限量、限时供应，既不能长期积压，也不能使生产脱节。

（2）制订完善的采购计划，根据生产的进度，确保采购的品种、数量和时间，不脱节，不堆积。

（3）科学化管理，严控消耗，杜绝浪费。

（4）对车间班组库存数量进行严格限制，及时盘点、清理多余库存，防止积压或重复采购。

（5）及时进行库存盘点，掌握实际情况，保证账物相符。

3. 减少在制品滞留

在制品的隐蔽性较仓库更大，所以需要严格控制产品的数量，而欲实现合理的在制品数，需要有均衡、优质、高效的生产体系作保障，以保证流程通畅。

4. 降低成品库存量

（1）一般情况下，外贸加工企业不存在产品积压的问题，但是也要注意因自行采购的材料不合格，加工成产品之后客户不满意，导致成品积压。因此，这就对采购员有更高的要求，要求他们在采购材料时一定要进行必要的检测，确保材料为合格品。

（2）对于自营品牌的加工企业来说，在生产之前，一定要进行详细的市场调查，分析当前市场的流行趋势和消费者的消费动态，掌握准确的商品信息，生产适销对路产品；以销定产，减少库存，降低资金占用额。

5. 防止爆仓的方法

（1）企业在建设仓库和仓库设施、货架时，要考虑到生产规模的需要。

（2）对产品的批量进入要进行合理调整，同时限制采购和来料的数量，缓解仓库压力。

（3）对管理进度与质量进行科学管理，确保在期限内交货，防止积压爆仓涨库。

（4）挖掘企业内部仓储条件，充分利用有限的空间，为临时周转做好准备。

（5）为保证合理调配搬运和储存的时间、顺序，确保物料、产品安全，企业可租借临时仓库，做临时仓储调配。

六、精简业务流程

要善于分析业务流程，对于班组来说，需本着精简高效的原则，尽量省去一些不具实用价值的业务程序。如是否可以取消？是否有更好的办法代替？是否可以更改程序？是否能够合并程序？是否可以缩短时间？是否有更便捷的程序？在思考的过程中，要删减一些无意义的程序，以求更快、更好地完成作业。

七、优化会议质量

在班组中，开会是不可避免的。若要实现科学化、民主化的管理模式，总是要开会的。开会的作用主要表现在以下几个方面：

1. 宣传推广

班组长通过开会将企业的政策、方针、目标、指令传达给组员，使组员能够领会和掌握企业未来的发展方向。

2. 集思广益

开会是一个集思广益的机会与场所，参与会议的每个人在会上都能够畅所欲言，献计献策。

3. 团结协作

坚持开会，可以让与会者在沟通的过程中，逐渐统一思想与行动，树立起全局观念。

4. 增进了解

开会为众人提供了一个畅所欲言的机会，在交流的过程中加深对彼此的了解，增进彼此的感情。

5. 布置工作

对一些重点工作，需要借开会进行必要的说明和落实提高效率，防止失误。

6. 表彰处罚

通过召开会议，表彰奖励优秀员工和部门，批评和处罚造成工作严重失误甚至出现事故的当事人（责任人）。

八、5S 活动的审核

推进 5S 活动贵在持之以恒，养成良好的习惯，并实现 5S 工作的制度化、标准化，这就要花费时间和精力去管理、监督和检查。

1. 巡视

5S 领导小组在现场巡视时，不仅要询问和了解员工对 5S 的内容的掌握情况，还要指出 5S 的相关问题。

2. 检查

采取自上而下层层检查的方式，即由企业领导检查车间、车间领导检查班组、班组长检查员工个人岗位和机台、区域。在检查时，要使用统一的检查表，并且认真如实填写，并对检查的结果予以评价。

3. 自检

将最终的评估表格发到每一位员工的手中，引导员工定期或不定期地按照表格的要求自我检查，如实填写，通过自我检查发现自身的不足，积极改进 5S 工作。

4. 互检

车间之间、班组之间或班组内的员工之间，根据评估表格相互检查，并借此发现彼此的优缺点，取长补短，共同进步。

5. 内审

（1）内审的含义。

特点：自发性、系统性、客观性。

目的：确保 5S 活动和企业其他目标保持一致性；及时发现现场管理的薄弱环节并做出修改和预防；作为自我改进的机制，使 5S 活动不断完善。

内容：5S 活动与实施结果、计划安排是否相符；安排是否得到了有效贯彻；贯彻的结果是否达到了预期目标。

范围：企业车间、班组和员工的实际工作是否按规定程序进行。

依据：企业规章制度、5S 的标准要求、国家环保法规、行业标准等。

时机：企业每半年一次；各部门每季度一次；车间班组每月一次。一旦发现问题，要及时做出调整。

（2）基本原则和条件。审核的涉及面广，具有灵活性，所以这就要求审核员对区域、目的、判定标准等有详细了解。此外，审核员对 5S 也要具有全面、深刻的认识，在审核时要坚持公正、公开、公平的原则，尽量做到对事不对人。当然，被审核者也要"闻过则喜"，不断改进，积极配合。

5S 体系必须是正常运作的文件化体系，体系审核必须是正式的活动，在审核时要求持有 5S 手册、目标承诺、方法指导书及支持性文件。不仅如此，审核还要以客观事实为依据，其结果要以文件的形式呈现在员工面前。

第三节　班组现场作业定置管理的推行

定置管理的类型

根据定置管理所属范围的不同，可以将定置管理分为五类：

一、全系统定置管理

全系统定置管理是指在整个企业的各系统、各部门执行定置管理。全系统定置管理涉及企业生产的各个部门和环节，包括企业各部门生产制度、流程等的定置，是全面协调企业生产各部门人、物、场所三者之间的关系的管理方法。

二、区域定置管理

区域定置管理是指按工艺流程把生产现场分为若干定置区域，对每个区域实施定置管理。区域定置管理主要适用于对生产现场、通道、物品区的合理划分，对物料使用和存储区域的合理划分，对职能部门办公区域的合理划分，以及对车间、班组卫生责任区域等的定置管理。

三、职能部门定置管理

职能部门定置管理是指企业的各职能部门对各种物品和文件资料实行定置管理。职能部门定置管理主要适用于职能部门办公桌椅、文件柜、档案柜，办公电气设备和电源，办公室生活日用品，办公区域和公共区域环境等的定置管理。实施职能部门定置管理的目的是使企业职能部门员工有一个干净、整洁、有序的办公环境，提高工作效率。

四、仓库定置管理

仓库定置管理是指对仓库内的存放物实施定置管理。它主要适用于仓库设置、仓库区域划分、物料定位、物料存储方式、物料标示等方面的定置管理。实施仓库定置管理的目的是规范仓库规划管理，使之合理、高效、安全并有章可循。

五、特别定置管理

特别定置管理是指对影响质量和安全的薄弱环节实施定置管理。它包括易燃、易爆、易变质、有毒的物品以及容易出现安全隐患的区域等的定置管理。实施特定定置管理是为了加强公司特定物品和区域的管理，预防安全事故发生。

定置管理的内容

定置管理的内容主要包括以下几个方面：

一、生产厂区的定置内容

（1）根据生产现场的占地情况，设计合理的厂区定置图，对场所与物件进行全面定置。

（2）对易燃、易爆、有毒、易变质、易造成污染的物品或场所及消防设施等实行特殊定置。

（3）对垃圾、废品回收点定置。

（4）对卫生与绿化区域实行责任定置。

（5）对车辆停放定置。

（6）确定物品的停放（成品、半成品、材料、工具）区域。

二、车间定置内容

（1）按照车间生产的需要，设计车间定置图。

（2）对物品临时停滞区域定置。

（3）检查现场定置。

（4）对工段、班组及工序、工位、机台定置。

（5）设备定置。

（6）对工具箱定置。

三、库房定置内容

（1）设计的库房定置图须悬挂在库房的醒目处。

（2）期限贮存物要用特定的信息表示接近储存期。

（3）物品存放的区域、架号必须和账卡物目录相符。

（4）特定定置区域，要用标准符号和无标准符号规定符号表示。

（5）账簿前页应有序号、物品目录及存放点。

四、办公室定置内容

（1）办公室定置。

（2）文件资料柜定置。

（3）设计各类文件资料流程。

（4）急办文件、信息特殊定置。

（5）卫生及生活用品定置。

（6）座位定置表示主人去向。

定置管理的步骤

在班组内部推行定置管理需按照以下六个步骤进行：

一、确定现场工作路线

工作路线研究是提出问题、分析问题和解决问题的过程。其主要包括以下三个步骤：

1. 进行现场调查，做好现行方法记录

通过现场观察、查阅资料等方式，对现行方法进行详细的记录。

2. 分析记录信息，找到存在的问题

对调查的结果进行分析，对现有的工作路线进行分析，找到存在的问题及影响因素，并提出改进方案。

3. 拟定改进方案

在提出改进方案后，定置管理人员要对新的改进方案作技术、经济等方面的分析，并和此前的工作路线、工作方法进行对比。在确认是比较理想的方案后，才能作为标准化的方案贯彻实施。

二、对人、物结合的状态进行分析

人、物结合状态分析，是推行定置管理的关键。在生产过程中，人与物是必不可少的，而只有将人与物进行合理地结合才可进行工作。至于工作效果如何，则要以人与物结合的状态决定。

三、开展对信息流的分析

所谓信息媒介，就是在人与物、物与场所合理结合的过程中起指导、控制和确认等作用的信息载体。因为生产现场使用的物品品种繁多、规格杂乱，且不可能都放在员工的身边，怎样找到各种物品，需要有一定的信息来指引。而且，很多物品是一次性流通的，它们的数量和流向也要由信息控制和指导。因此，在定置管理中，准确而完善的信息媒介是很重要的，它直接影响到人、物、场所的有效结合。

通常情况下，影响人与物结合的信息媒介有以下四个：

第一个信息媒介物是位置台账。位置台账表示"该物在什么地方"。通过查看位置台账，可以了解所需物品的存放场所。

第二个信息媒介物是平面布置图。平面布置图表示"这个地方在哪里"。在平面布置图上能够清楚地看到所放物品的具体位置。

第三个信息媒介物是场所标志。场所标志表示"这儿就是这个地方"。它是指物品存放场所的标识，一般用图示、编号、名称等表示。

第四个信息媒介物是现货标示。现货标示表示"此物就是该物"。物品的自我标识通常用各种标牌表示，标牌上会注明物品的名称和相关事项。

在寻找的时候，人们通过第一个、第二个媒介物，被引导到目的场所，再通过第三个、第四个媒介物确认需要结合的物品，所以将第一个、第二个媒介物称为引导媒介物，将第三个、第四个媒介物称为确认媒介物。人与物结合的这四个媒介缺一不可。

四、定置管理设计

定置管理设计的目的就是让各个场地和物品得到合理、科学的安排。定置管理设计主要由两部分组成：一是定置图设计；二是信息媒介物设计。

1. 定置图设计

定置图是指对生产现场所在物进行定置，并且通过对物品的调整，改善场所中人与物、人与场所、物与场所之间关系的综合反映图。其主要包括各作业区定置图，室外区域定置图，特殊要求定置图（如对安全、质量有特殊要求的物品定置图）以及仓库、资料室、办公室等定置图。

在绘制定置图时，需遵守以下原则：

（1）必须将现场所有的物品都绘制在图上。

（2）绘制定置图时，要以简明、扼要、完整为原则，物品所在位置要准确，区域划分要清晰。

（3）生产现场暂时没有，但是定置并决定近期购买的物品也要在定置图上表示出来，准备清理的物品则不能在图上有所表示。

（4）定置物可用自定信息符号或标准信息符号加以标注，并且在图上以图例的形式进行说明。

（5）定置图应按定置管理标准的要求绘制，但应随着定置关系的改变进行及时修正。

2. 信息媒介物设计

信息媒介物设计，主要包括示板图、标牌设计、信息符号设计等内容。在推行定置管理时，各类物品的摆放布置、场所区域划分等都要以符号的形式表示出来，以便作业人员直观、形象地分析问题和进行目视管理。

五、定置实施

定置实施不仅是理论付诸实践的阶段，还是定置管理工作的重点。其主要包括三个步骤：

1. 清除与生产无关之物

在现场，凡与生产无关的物品，都要清除。在清除的过程中，本着"双增双节"的精神，对于可转变利用的物品要转变利用，对于不能转变利用的物品可进行变卖处理，化为资金。

2. 按定置图实施定置

按照定置图的相关要求，将生产现场的物品进行分类调整，并放置到既定位置。

3. 放置标准信息名牌

放置标准信息名牌要做到牌、物、图一致，并派专人管理，不能随意移动。

总之，定置实施必须做到：有图必有物，有物必有区，有区必挂牌，有牌必分类；按图定置，按类存放，账（图）物一致。

六、定置检查与考核

实行定置管理最重要的一点就是坚持不懈。只有如此，才可以保证定置的成功，并且使其不断改善、发展。所以，必须建立定置管理的检查、考核制度，并且按照标准进行赏罚处理，以实现定置管理长期化、制度化和标准化。

定置管理的检查与考核通常分为两种情况：一是定置的验收检查不合格不予通过，必须重新定置，一直到合格为止；二是定期对定置管理进行检查与考核。可以说，定期检查与考核是一项需要长期进行的工作，它较定置之后的验收检查的工作更复杂、更重要。

定置管理的技法

定置管理是在物流系统各工序中实现人与物结合的一个动态的整理整顿体系。因此在实施过程中，需根据现场的实际情况，运用现场诊断、作业研究、环境因素分析、动作分析、工艺分析等基本技法，对生产现场进行科学、合理的分析，之后再进行定置管理设计。

一、现场诊断

对生产现场的现状进行详细分析，找出问题的根源所在，之后设计方案，使其达到预定管理目标。

（1）工作现场的哪些物品、工具等需要进行定置管理。

（2）采用什么方法更加便捷。

二、作业研究

认真分析作业者与机器的位置，清楚了解需要定置的物品有哪些。

操作者通过对作业者的工作状态、班组的工作进度、人和机械的配置等方面的分析，去掉作业中不合理的状态，消除生产、工作现场的无秩序状态，清除人和物结合的不紧密状态，而设计出科学、合理的定置方案，建立起高效率的生产秩序。

三、环境因素分析

凡环境因素有不符合国家环境标准要求的情况都必须改善，达到国家标准。

四、动作分析

研究作业者动作，分析人与物的结合状态，发现合理的人、物结合状态，使作业标准化，使物品定置规范化，使人、物、场所结合高效化。

五、工艺分析

以工艺分析为原则，将物品加工处理过程细分为加工、搬运、检查、停滞、储存五个环节。同时，分析工序的加工条件、移动距离、经过时间，进而确定工艺路线、运输路线，使改进之后的现场环境真正达到人、物、场所一体化。

定置管理图的悬挂

定置管理图是现场管理人员在对现场进行分析、研究之后，设计出表示人与物、人与场所、物与场所的相互关系的平面图。其主要包括区域定置图、车间定置图、文件资料柜定置图、工具箱定置图、办公室定置图、库房定置图等多种类型。

一、区域定置图

车间的某一工段、班组或工序的定置图，定置蓝图可张贴在班组园地中。

二、车间定置图

要求图形醒目、清晰且易于修改、便于管理。为方便作业者预览，应将图放大，作成彩色图板，悬挂在车间的醒目处。

三、文件资料柜定置图

统一绘制蓝图，贴于资料柜内。

四、工具箱定置图

绘成定置蓝图，贴在工具箱门内。

五、办公室定置图

要做定置图示板，悬挂在办公室的醒目处。

六、库房定置图

做成定置图示板，悬挂在库房醒目处。

第三章 班组设备管理：确保生产零故障和高效率

第一节 班组生产设备的日常维护和检查

什么是班组设备

设备是生产过程中使用的各种装置与机械的总称。它是企业提供服务或生产时所需要的除建筑物、土地之外的东西，有时也指有特定用途的器材。工业企业设备包括生产设备、动力设备、科研设备、公用设备、传导设备、运输设备及管理设备等。

班组生产中所使用的设备主要包括：

一、设备

设备主要包括机床、自动插件机、打包机等。

二、工装夹具

工装夹具是企业为了提高效率、保证质量而自行设计制作的，其实质是安装、加工或测量的判定辅助器具。

三、计测器

计测器是用于品质判定的测量用具。

四、样板（样品）

样板（样品）是测量的一种替代形式，是用来进行实物判定（尺寸、形状）、观感判定（颜色、外观）的物品。

什么是班组设备管理

班组设备管理，指的是班组围绕设备展开的计划与组织活动的总称。其是对设备的综合管理，主要包括从选购设备到设备进入生产领域，或退出生产领域为止的管理。班组管理的中心是设备的使用与维护。

班组设备管理的特征主要表现在以下几个方面：

一、全面性

班组设备管理，不仅是对设备使用周期全过程的管理，也是对设备一生的管理，所谓一生，就是设备从规划、设计、制造、安装、使用、维修、报废的全过程。

二、系统性

系统性，指的是生产维护中的预防维护、改善维护和维护预防三者构成的班组设备管理的全系统。其实质是通过系统管理，实现维修对维修预防的信息反馈，提升设备的可靠性。

三、生产性

对于重点设备需进行预防维护，对于普通设备需进行事后维护，以降低故障率，让维修与生产结合更加密切。

四、经济型

在设备维修的过程中，力求在设备停机损失与维修费用之间实现最佳平衡，以得到设备维修的最良经济效果。

五、科学性

班组设备管理是在诸多科学理论的基础上诞生的，所以，它运用了很多现代科学理论，让设备管理的方法更加合理化、科学化。

六、全员性

运用行为科学的理论来提升企业领导及员工对于设备管理的热情，进而建立完善的自主管理体系。

班组设备管理的内容有哪些

班组设备管理的主要任务是操作、使用、点检、维护保养。其主要内容包括：

（1）制定班组设备管理工作目标。

（2）建立完善的班组设备管理内容，如原始凭证、班组台账、信息传递等。

（3）组织、领导员工做好班组内设备维修管理，真正做好设备的维护保养、日常点检、清扫、加油和紧固等工作。

（4）做好设备检查工作，认真填写班组设备巡检表。

（5）参与解决设备运行中的故障。

（6）建立严格的岗位经济责任制的考核、评比制度，逐渐提升班组设备管理水平。

（7）根据设备的状态安排生产，调整负荷。

（8）根据具体的操作规程对作业者的行为进行监督与检查。

（9）为创造良好的工作环境，对设备的隐患与发展指派专人监管，并准备随时做出判断。

（10）经常进行爱护机器设备的教育和宣传，让员工严格按照相关制度执行，自觉养成良好习惯，使合理使用设备的观念牢牢印在员工的脑海之中。

设备管理的指标是什么

衡量班组设备管理的优劣程度主要以完成各项指标的高低为基准。通常情况下，考核班组在设备管理方面的技术经济指标时，主要针对完好率、维护率、设备事故、停机时间、油料消耗、备件消耗等几项指标进行分析和研究。

一、设备完好率

设备完好率是一项针对设备技术状况的考核标准，主要凭借设备的完好程度进行评定和计算。一般情况下，评定的标准有三个等级：一级设备是结构完整、零件齐全、性能全优、润滑良好、仪表准确、操作运行可靠的设备；二级设备是能够正常运行、零件齐全、没有较大缺陷的设备；三级设备是严重带"病"运行的设备。其中，一级设备和二级设备都被称为"完好设备"。通常情况下，设备完好率的计算公式为：

设备完好率＝（一级设备台数＋二级设备台数）÷班组负责的设备总台数×100%

二、设备维护率

设备维护率是一项针对设备维护的考核标准。设备的维护状况分为甲、乙、丙三个等级。甲级设备维护对于操作员和维护员的要求最高，其内容包括精心维护、精心操作、严格执行规程、认真填好记录等；乙级设备维护是操作与维护都较为一般的维护；丙级设备维护是缺乏科学的管理与维护。所以，设备维护的考核主要是为了提高甲级维护率。甲级维护率的计算公式为：

甲级维护率＝（甲级维护台数÷班组负责的设备总台数）×100%

三、设备事故

设备事故按照事故严重性可分为重大事故、一般事故和小事故三个级别。作为一线班组长，在处理设备事故的问题上，需始终坚持"杜绝重大设备事故，减少一般事故和小事故"的工作方针，认真做好设备的维护与保养工作。当然，在面对一些不可避免的设备事故时，也要采用"三不放过"的处理方式，对事故进行及时、有效的处理，并在经济上对直接负责人和事故班组进行相应处罚。

四、设备停机时间

设备停机时间指的是设备的失效时间。在生产时，除限定的生产准备时间、交接班时间和顶替时间外，其余的停机时间都是因为非正常的原因（生产或设备）造成的。因为设备原因发生的停机时间，叫作事故、故障停机时间。事故、故障停机时间的长短，在某种意义上说明了班组设备管理的好坏。

五、设备消耗

企业为维护设备所花费用的多少直接影响到产品质量的好坏。每个月所消耗的动力、备件、燃料等是设备维护费用的主要部分。所以，保证良好润滑条件下的油料和电力消耗量，是组织开展班组核算的一项重要内容。

设备点检的分类与作业

设备点检是企业按标准对规定的设备检查点（部位）进行直观检查和工具仪表检查的制度。企业之所以这样做，主要是为了维护设备机能，防止设备出现故障，避免因突发事故而影响产量、质量。

一、设备点检的分类

设备点检分日常点检、定期点检和精密点检三种，具体如表3-1所示。

表3-1　设备点检的种类

种　类	对　象	周　期	目　的	检查内容	点检手段	所需时间	实施部门	执行人
日常点检	所有设备	每日	保证设备每日正常运转，不发生故障	湿度、异音、加油、清扫、调整	五官点检	20分钟	使用部门	操作人员
定期点检	重点设备和预防保全对象	定期一个月以上	保证设备达到规定的性能	测定设备劣化程度，确定设备性能	五官和器具点检	40分钟	维修部门	点检人员
精密点检	不定	不定	保证设备达到规定的性能和精度	对问题做深入的调查、测定、分析	特殊仪器点检	2小时不等	维修部门	专业技术人员

二、设备点检发现问题的解决办法

在设备点检的过程中发现的问题不同，其解决方法也不同。

（1）通常情况下，经简单调整、修理就能够解决的，可由作业人员自行解决。

（2）故障修复的难度较大的，由专业维修人员进行维修处理。

（3）对于维修工作量偏大，且短时间内不对设备使用构成威胁的故障隐患，经车间机械员（设备员）鉴定，由车间维修组安排一保或二保计划，后上报到设备动力部门帮助解决。

什么是班组设备点检制

所谓设备点检制，指的是围绕设备进行的点检维修管理体制，包括早期检查、早期诊断和早期维修。其实，每一个企业都需要根据自身的具体情况制定点检制度。

一、"三位一体"点检制及五层防护线

"三位一体"，是指将岗位操作员的日常点检、专业点检员的定期点检、专业技术人员的精密点检相结合的点检制度。

五层防护线是：

第一层防护线：岗位操作员的日常点检。

第二层防护线：专业点检员的定期点检。

第三层防护线：专业技术人员的精密点检。

第四层防护线：对于发现的问题做进一步的分析与诊断，并找出对策。

第五层防护线：每半年或一年进行一次精密检测。

二、设备点检制的主要特征

设备点检制的特点为八定，其具体内容如下：

1. 定人

指定操作者专职与兼职的点检员。

2. 定点

确定故障点，明确点检部位、项目及内容。

3. 定量

对劣化侧向的定量化测定。

4. 定周期

对于不同设备、不同故障点制定不同的点检周期。

5. 定标准

点检部位正常与否的依据。

6. 定计划

做出作业卡，指导点检员按照规定路线作业。

7. 定记录

记录格式要固定。

8. 定流程

点检作业、点检结果的解决步骤要固定。

三、设备点检的分类

设备点检按是否解决的标准划分，可分为解体点检和非解体点检；按点检的目的为标准划分，可分为倾向点检和劣化点检；按周期和业务范围为标准划分，可分为日常点检、周期点检与精密点检。

四、设备点检的要求

1. 定点记录

定点记录，指的是逐点排查设备，详细记录其现状，摸索经验。

2. 定标处理

定标处理，指的是依照标准进行严格严查，达不到标准的要留下标记，以便日后加强维护。

3. 定期分析

定期分析，指的是每个月对点检记录进行一次分析，以适时调整定检内容。

4. 定项设计

定项设计，指的是查出问题，定项定人进行改进。

5. 定人改进

定人改进，指的是指派专属责任人负责设计、改进。

6. 系统总结

系统总结，就是半年小结一次、一年全面总结一次，并提出书面报告，以确定今后的工作方向。

如何进行设备内部点检与巡检

设备点检、巡检是为了让设备的隐患与缺陷能够及早发现、及早预防、及早处理，是为了防止设备运行故障的发生。

一、实施设备点检的基本程序

1. 实施日常点检的程序

（1）将设备维修手册、操作说明书等与本企业的管理经验、操作员工的技术水平相结合，以确定日常点检的检查项目、检查方法。

（2）将日常点检的工作规范、作业流程与技术标准整理成文件，在点检时需按文件规程进行。有条件的单位还要编制故障征兆、原因和处理措施对照表。

（3）制订日常点检记录表。

（4）建立由专职人员定期抽查与辅导的日常点检工作指导监督体系。

（5）开办培训班，对日常点检工作实行技术考核制度，要求工作人员持证上岗。

（6）制订并实行日常点检经济考核方案。

2. 实施定期点检的基本程序

（1）将定期点检的目的与本企业的管理经验、专职检查人员的技术等级相结合，以确定日常点检的检查项目、检查方法。

（2）依据设备磨损规律与确保整机功能、安全、精度等要求，将检查项目、内容、周期和鉴定标准等进行细致划分。此外，还可以与同设备的维修级别、周期及检测设备现状结合，将定期点检区划分为多个不同等级。

（3）对检查方法进行划分，制定检查对象、事项、项目、仪器和诊断标准对照表。

（4）设置定期点检站（点），并配备专门的检测仪器。

（5）建立定期点检工作指导监督体系，由高级管理人员定期抽查和辅导。

（6）制定定期点检工作流程和规范。

（7）开办培训班，对定期点检工作实行技术考核制度，要求工作人员持证上岗。

（8）制订、实行定期点检经济考核方案。

3.实施精密点检的基本程序

实施精密点检的步骤与定期点检的步骤相似，可做参考。

二、设备点检的步骤和方法

1.设备点检的步骤

设备点检程度主要分为以下四个步骤：

第一步：认定点检部门和人员。

一般情况下，外部点检主要根据国家认定的计量方式进行。内部点检由指定的人员按照点检指导书进行点检。简单的日常点检由操作员工负责，复杂的则由班组长或专门人员负责。

第二步：记录点检结果。

点检完成之后，将点检结果详细填入点检表。在设备修复时或使用备品前必须按点检指导书进行点检并记录。表3-2是铆接模具点检记录表，可供参考。

表 3-2　铆接模具点检记录表

序号	点检项目	周期			点检记录					
		日	周	月	1	2	3	4	5	6
1	确定第一处是不是松动	★								
2	确定第二处是不是转动失灵	★								
3	确定第三处是不是活动顺畅	★								
4	对定位孔进行彻底清洗		★							

注：周期用★表示。

第三步：向上级报告点检记录。

报告途径为点检者→班组长→部门主管人员。

第四步：保管点检记录。

点检记录交由班组长统一管理，并且根据标准（企业自行规定）或重要程度确定保管期限。

2. 设备点检的方法

设备点检方法，是凭借仪器或人的感官，对设备的技术状态进行详细检查，以便发现故障，采取对策。

设备点检的方法主要包括：明确主观状态监测和维修实践的关系；明确设备点检的概念、类型、范围及标准；收集相关数据，为设备的状态管理维修提供可靠的依据。

三、设备点检的注意事项及其要点问题

1. 设备点检的注意事项

在进行设备点检的过程中，需要注意以下事项，这些注意事项只有被整理入检查表、点检手册，才可以发挥其真正价值。

（1）明确点检的管理对象。

（2）知道点检的方法和对异常的判断方法。

（3）了解点检位置的机能构造。

（4）明确点检位置的机能是否正常。

（5）明确管理对象的正常状态（应有状态）。

（6）了解处理异常的方法。

2. 设备点检过程中的要点问题

（1）与润滑油有关的注意事项。润滑油的部位时常会出现漏油或断油现象，而且总是在不知不觉中发生。其中，断油是最容易引起设备故障的。所以，为避免这种情况的出现，就要建立起一套可以一目了然地发现异常或问题的方法，此方法主要包括标出油口的上下限位置，并用颜色区别；按照盛油种类的不同标出油壶；表示出单位时间内的耗油量。

（2）与螺栓和螺母有关的注意事项。在生产过程中，若螺栓或螺母松了或者掉了，势必会发生重大事故。但是，螺栓和螺母是不是松了是一件很难察觉的事情，所以经常被忽视，但越是容易忽略的，就越要特别注意。

在检查时，可以这样做：在正常拧紧的状态，在螺栓和螺母上画一条连线标记，如果螺栓与螺母上的线错开了，就说明螺母松动了；用不同的颜色做出标记，分别表示不同责任人所负责维护的螺栓与螺母；对不必上螺栓的螺孔作上标记。

（3）与油压和气压有关的注意事项。多数设备的动力源都是油压和气压。可是，因油压和气压系统发生故障引发安全事故的事情时有发生。所以，为避免类似事故的发生，就需要建立起一套在发生故障之前就可以预防的检查方案。此项方案需包括在螺线管上装上刻有用途说明的金属标牌与标明设定油面计、油压、配管的接头等内容。

四、设备的日常巡检

对现场设备进行巡检的内容包括设备润滑、密封、腐蚀等状况，有无泄漏状况，建筑物状况，检修质量及进展状况等。

在设备巡检过程中发现问题后，相关检查人员需要填写设备检查记录表。车间设备管理员依照设备检查记录制订出一套相对完善的维修措施与调整计划。审批通过之后，维修人员需要按照计划进行维修工作。具体内容如下：

（1）当值人员与各系统技术人员依照系统的运转情况制定出巡检范围、内容、项目、路线等，并且落实到班次人员。

（2）巡检人员需要严格按照巡检内容与时间进行，一旦发现问题要及时上报。

（3）保证重点设备正常运转与各系统的正常运行。

（4）填巡检记录表，月终整理汇集，并上报给工程部经理，后由档案管理人员收存备查。

怎样进行设备维护保养

进行设备维护保养，旨在提高设备的运行效率，提高生产质量，保证生产能够在安全、稳定、高产、低耗的状态中进行。

班组设备维护保养通常是在设备操作人员的指挥下进行的，其主要作业内容包括对设备进行清洁、补给、润滑、紧固和安全检视。虽然维护保养一般作为日常的工作进行且难度不大，但其相对点检而言，分工更细，要求更高。

一、设备保养分级

设备保养可以分为三个等级，而班组只要求做到一级保养。设备保养分级如表3-3所示。

表 3-3　设备保养分级

	一级保养	二级保养	三级保养
担当人员	设备使用人员	车间的设备维护人员	专业人员
周期/频率	每日、周或者使用前后	定期（每月、半年、一年）	定期（一年、三年或五年）
主要特点	保养难度不大，通常作为日常工作	技术和专业性较强，包括定期的系统检查和更换修复	专业性更强，需用仪器设备才能实施的保养维修
主要内容	清洁、补给、润滑、紧固和安全检视	检查、调整、更换、修复	定期大修
相关制度	设备自主保养制度	设备巡检制度	设备定期检修制度、厂家定期检修制度

二、操作人员的责任

（1）悉心爱护设备，正确使用设备，精心维护设备。

（2）需经过正式的培训与考试，合格之后才能正式上岗。

（3）必须做到"四懂三会"，即懂原理、懂性能、懂结构、懂用途；会使用、会维护保养、会排除故障。

三、设备维护保养的方法

（1）将设备及管线按照人头和岗位进行分工，尽量做到每台设备都有人负责。

（2）对设备进行定时、定期检查维护，保证无灰尘、无腐蚀。

（3）与维修工配合完成设备检修工作。

四、设备维护保养操作规程

（1）严格按规程进行设备的维护保养。

（2）严格控制工艺指标，做到"四不超"，即不超速、不超温、不超压、不超负荷。

（3）严格执行巡回检查制度，遵守"五字"方针，即听、摸、查、看、闻。认真进行检查和记录。

（4）设备润滑要求做到定人、定点、定时、定质、定量和油桶、油壶、注油器的三级过滤。

五、设备的正常维护

（1）按期进行大、中修。

（2）及时排除故障。

（3）及时加油。

（4）及时消除跑、冒、滴、漏。

（5）允许擦洗部位，每班最少擦洗一次。

六、设备故障的排除

（1）一旦发现不正常现象，需及时检查并"对症下药"消除隐患。

（2）紧急情况下要保持清醒的头脑，以做出准确的判断。若必须暂停设备，要立刻暂停并发出信号。

（3）暂停之后，在故障排除之前不得启动。

（4）各类故障及原因、排除方法需要数量掌握，以便准确判断和及时处理。

怎样进行设备运行管理

现场设备是企业现场生产设施的主体部分。因此，做好设备运行管理工作就成了班组的重要工作。而欲做好此项工作，班组长及班组成员就要处理好以下事务：

一、做好交接班

运行大型设备，在每天交接班时需办理交接班手续。交班者在交班之前要清洁、整理工作场地、随机维修工具、运行记录等。接班者应检查机械是不是正常，以及交班之前的工作是不是已经完毕，之后再进行接班。

二、建立随机档案

项目部的大型设备需建立完整的档案，其内容主要包括合格证明、使用说明书、技术资料、运行状况记录、机械交接记录、运行工时记录及维修、保养记录等。这些档案等材料要统一交由项目部主管保存。

三、记录运行工时

每班的设备操作人员需要按照设备的运行情况对设备运行进行详细记录，累计的运行工时就是进行设备保养的依据。

四、设置班组设备员

在现场负责生产的班组中，由员工推举设备员，协助班组长管理班组的全部设备。当然，设备员不只是个人，还可以是群体。

怎样处理设备不良状况

在使用或点检时发现设备出现不良情况，需将其记录下来，并立刻向上级报告，由上级商议制定出一套完善的设备处理方案。处理的内容主要有：

一、对设备的处理

（1）如果此设备还留有备用品，则对备用品进行点检之后以备用品代替，使用备用品后，需要对产品进行分别管理以便追踪，譬如记录产品序列号等。

（2）若是可自行修复或排除故障，则由班组长处理，处理方式需得到相应主管部门的认可。

（3）若设备故障是班组长无法修复的，班组长需要填写一份"设备修理申请书"，经主管人员验审之后交由相关部门处理。

二、对产品的处理

对于不良设备生产出的产品，必须重新评价其对于品质的影响度，并且根据影响度采取相应的补救措施。若有必要，需通知质检部门，对库存成品进行重新检验，防止品质事故的发生。这一点是至关重要的，许多现场人员仅关心设备是否能修复，对于之前的产品未能进行相应处理，最终造成严重后果。

什么是自主保养

自主保养，指企业员工自发地对设备实行全面的保养、维护和管理。自主保养的关键点是"自主"，因为只有"自主"才可让现场设备的维护与保养成为操作人员的自主行为，才可以让其成为工作人员良好的工作习惯和内在素质。

自主保养以生产现场操作人员为主，依照自身的感觉（听、触、嗅、视、味）对设备进行全面的检查，并且对紧固、加油等维修技能加以训练，使员工具备应对小故障的能力。

一、自主保养的范围

自主保养的对象是现场设备，其工序包括清洁、整顿、维修等。自主保养的范围如表 3-4 所示。

表 3-4　自主保养的范围

范　围	含　义
整理、整顿、清扫	是 5S 中的 3S，延续了 5S 活动
基本条件的整备	包括机械的给油、锁紧重点螺丝、清扫等条件
目视管理	使远处式的管理近处化，使判断更容易
点检	前、中、后作业的点检工作
小修理	小故障修护与排除，简单零件的换修

其中，点检分为作业前点检、作业中点检、作业后点检。

作业前点检，指在每一次启动设备之前，将所有的关键部位检查一遍，以确定设备是不是能够开机，是不是具备开机条件等。这个习惯的养成可以减少故障发生的次数。

作业中的点检，指在设备运行过程中，确定设备运行状态及各个重要部位的参数是不是正常，若出现异常要立刻予以排除甚至停机检修。若对小毛病不加以重视，就会逐渐演变为大问题，进而酿成事故。

作业后的点检，指一个生产周期结束之后进行停机检修，为下一次开动机器做好充足准备。若设备保养得好的话，设备的使用寿命就能够延长。

二、建立设备自主保养观念

建立良好的设备自主保养观念不但有利于维护设备，还有利于提升员工技能，培养员工的主人翁意识与自觉性。在企业中，自主保养意识的培养对于企业文化、企业效益都会产生不可估量的影响。图 3-1 展示了自主保养观念的成效。

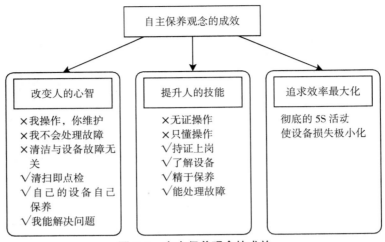

图 3-1 自主保养观念的成效

自主保养的三个阶段

通常情况下，自主保养被分为防止劣化阶段、发现和测试劣化阶段、改善劣化阶段三个阶段，这三个阶段的保养是设备保养的一般办法。其具体内容是：从开始时就进行预防，一旦发现故障，就要尽快找出故障发生的原因，并及时维护；故障排除后要第一时间进行总结，以防类似事件的再度发生。

一、防止劣化阶段

防止劣化阶段主要是做一些基本的工作。很多作业人员认为，自主保养主要进行的是清扫、给油、锁紧螺丝这三项工作，其实不然，这三项工作是防止劣化阶段的工作内容，而非自主保养的全部工作内容。

在进行这一阶段的工作时，作业人员要养成习惯，每天对设备的重要部位进行清扫灰尘、加油、检查螺丝是否锁紧，等到此系列工作完成之后，机器才能够启动。

除了这三项最基本的工作外，员工还需要对设备的具体运行情况进行详细的记录，特别是对设备异常情况、异常声音等进行记录，这些记录是日后对设备进行维修、维护的重点依据。

二、发现和测试劣化阶段

发现和测试劣化阶段的主要工作是对设备定期性的检查，特别是对设备关键部位的检查。当然，员工可以通过听、触、嗅、视、味等器官感觉发现劣化，将潜在的问题迅速解决。

三、改善劣化阶段

改善劣化阶段的主要工作是对异常情况的解决与处理。当然，在处理之前，还可进行一些准备性工作，如更换油垫、螺丝、油封等应急措施，这些工作完全能够由操作人员自行完成。不过，若发生大的故障，需要立刻找维修人员前来，而操作人员需在一旁进行协助，以求尽快结束维修工作。在协助维修的过程中，也能够通过维修人员学到一些知识。

自主保养的七个步骤

自主保养工作通常分七个步骤完成：

第一步：初期清扫。

初期清扫，指对设备进行彻底清扫，包括垃圾、灰尘等。不过，此清扫非彼清扫，在此要将清扫变检查，发现设备潜在的缺陷与错误，并及时进行解决与处理。最重要的是，操作人员在清扫的过程中能够燃起对设备的爱护之情。

第二步：发生源、困难部位对策。

为了维持与提高清扫的成果，就要杜绝污染、灰尘等发生源。那么，怎样杜绝呢？操作员不妨采取消除或加盖、密封等对策。当然，对于那些难以维护的重要部位，如清扫、除污、加油等，也要采取相应的对策，以提高设备维护及保养，延长设备的寿命。

第三步：编写清扫、加油基准。

将第一、第二步所获取的经验与体会作为临时基准详细记录在册，并在今后的保养过程中对曾经发生故障的部位进行重点维护。

第四步：综合性检查。

为了发挥设备固有功能，要学习设备结构、功能及判断基准，检查设备主要部位，发现设备缺陷后进行复原，同时掌握必要的检查技能。此外，对于之前编写的基准不断进行完善，以作为以后检查设备的参考。

第五步：自主检查。

在第三步编写基准的基础上，加上第四步学到的检查技能与相关知识，并且完全按照规定执行，这就是自主检查基准。在学习和执行的过程中，还要不断熟悉与学习设备的运行与操作，使自身具备早期发现设备故障与正确性操作设备的能力。

第六步：整理、整顿。

将以现有的设备为中心的活动不断向其他设备乃至整个车间扩大。在熟练掌握上述五个步骤的基础上，发展维持整个车间应有的形象。

在此步骤中所提及的"整理"是指清楚地了解车间内的半成品、不良品、工夹具等，并制定出管理基准，彻底减少物、事等管理对象。"整顿"，就是指在维持既定基准的基础上逐渐完善，并且在车间内部实现目视管理和管理实行标准化。

第七步：彻底化自主管理。

通过前六个步骤，人员得到了充足的锻炼，因此，第七步的关键是建立不断改善的意识，结合公司的方针、目标，制定出未来活动的新目标，做到自主管理的彻底化。

自主保养的三大"法宝"

自主保养的三大"法宝"就是指活动板、简易培训表、小组会议（简称"板表会"）。班组若能够让这三大工具得到充分发挥，一定会对班组自主保养步骤的推进起到推波助澜的作用。

三大"法宝"之一：板。

活动板是自主保养活动中的关键性工具。从严格意义上来说，班组所有活动及活动结果都需通过这一块板进行展示，如此便起到了管理可视化的效果。如果能将这块板运用好，对于班组活动也会产生举足轻重的效果。

首先，活动板要设有体现班组个性或特点的名称；其次，活动板最好有班组自己的口号；最后，活动板要充分体现小组工作推进的计划。

以上是自主保养班组活动板的共同点，其在整个活动中仅占 20% 的分量，其余的 80% 才是重点。

它大致分成四块，基本属于 PDCA 循环模式的格局。PDCA 循环是品质循环管理的一种，其主要针对品质工作进行规划、执行、查核与行动等活动，以保证达到可靠度较高的目标，进而使品质得到持续改善。其中：

第一块内容是现状把握。把握现状，主要包括本小组成员、活动区域、理想状态描述、目前的活动状况及所取得的成果、小组年度活动计划与目标。

第二块内容是展示重点课题的实施。所谓自主保养的重点课题，就是讲述当前小组自主保全活动步骤怎样展开，而这一过程的展示又是一个全新的 PDCA 循环模式。

第三块内容是指标成果的展示。这一部分的内容需与第一部分中设定的目标进行比较，进而体现小组方针目标的完成情况。

第四块内容是反省及今后计划。这一部分的内容主要是针对遗留问题的解决及今后步骤活动推进的计划。

如果每一个班组都有这样一块活动板，那么每个人都能够对班组的情况一目了然，这无疑对班组的活动起到一种推动作用。

三大"法宝"之二：表。

简易培训表，亦称"一点课程"，主要内容包括基础和专业知识、故障和异常知识、操作及安全知识等，作用是培训、教育员工。

三大"法宝"之三：会。

这里的"会"是指自主保养月度例会。为了传递和分享信息，掌握班组成员的现状和思想，班组长需要在班组内部制定月度例会制度。通常情况下，班组长要提出召开例会的申请，经主管同意之后，班组长要尽量安排班组内全部成员参与，同时邀请上一级领导（班组长或主管）列席会议。会议持续时间在 1 小时左右，主要分两部分：一是班组长对班组目前的情况进行具体说明，之后听取组员们的意见和建议，接下来落实下面的活动任务；二是去现场开展活动（现场活动不包含在会议时间之内，此活动持续时间在半天到一天之间，也可能更长）。在当天活动结束前，班组长需要再次召集全体成员做一次总结性发言，确认问题解决情况、新问题的解决计划，包括任务的再分配等。

事实证明，有效沟通是高效解决问题的前提，而只有保证全体员工一起参与沟通的机会，才能减少自主保养活动不流于形式。

不过，只是每月一次的例会还不能完全解决问题。作为班组长，不妨将"会"的含义和形式再扩大。如倒班制员工在遇到问题之后要一起解决。对此，不妨采取活动板留言或组员与组员之间的传话等形式传递信息。

第二节　班组仪器和通用工具的日常管理

认识生产工具

工具，是指从事生产时用来测量、加工工件的工艺装备。在制造型企业中，工具指的是制造产品的过程中所使用的各种器械，如量仪、刀具、量具、磨具、五金工具、硬质合金刀片和专用工具等。

一、工具的特点

（1）工具仅用来进行测量与加工等工作，不构成成品，所以与原材料不同。

（2）工具能够多次，甚至频繁使用，并且在使用的过程中会有所磨损，这一点与一般性消耗的原辅料不同。

（3）工具和生产的关系密切，具有较强的技术性，与一般日用品不同。

（4）工具主要用于测量和改变工件的形状，并不改变其物理或化学性能，这与物理或化学方面的测定仪器不同。

（5）工具的价格相对廉价，多属于低值易耗的东西，所以在管理上与设备不同。

二、工具的分类

1. 标准工具

标准工具，是指在工作场地上多次使用的扳手、螺丝刀、刀夹、卡尺等工具。工作场地经常使用的工具品种由工艺部门规定，并可在生产场地长期存放。其特点是具有一定的工艺用途，有标准规定，具有可调性，可以用来加工不同的零件。通用工具主要分为外购标准工具和自制通用工具两类。其中外购标准工具包括刀具、量具、金刚石、五金工具等，自制通用工具包括工夹、模具等。

2. 专用工具

专用工具，是指用来加工某种特种零件（工序）的工具。专用工具由企业自行设计制作，并且纳入企业的技术准备计划，编制工具生产计划，组织工具车间制造。

三、量具与量仪

1. 量具

量具，是指结构简单、能够准确测量出工件几何形状的工具（卡尺、千分尺等）。量具分为变值测量量具、定值测量量具、量规三类。

（1）变值测量量具：用来测量一定范围内的任意值，如百分尺、百分表、游标卡尺以及各式的测量仪器等。

（2）定值测量量具：用来测量某一个特定的量值标准的实体。

（3）量规：无刻度，只用于检查工件是不是合格。

2. 变量测量量具

变量测量量具分为游标卡尺类、百分尺类、量块三种。

（1）游标卡尺类（又称"游标读数量具"），常见的有高度游标卡尺、深度游标卡尺、游标卡尺、用于测量零件有关的直线尺寸以及齿厚游标卡尺等。

（2）百分尺类，常见的有千分尺、杠杆千分尺、外径百分尺、板料厚百分尺等。

（3）量块，常用于标准长度的测量，是机械制造过程中控制尺寸的基本量具。量块通常都是配套组合，总块数为 38 块和 83 块两套。其特点是：可组合尺寸，研合性、稳定性、耐磨性好，用途广泛。

3. 量仪

量仪，指的是那些结构相对精密复杂的工具。按照机构的不同，量仪可分为各分式仪器、比较式仪器、记录式仪器、调节式仪器、指示式仪器、自动测量仪器等。

四、夹具

夹具，是指在加工的过程中用来确定工件具体位置，并将其固定夹紧的装备。夹具一般分为装配夹具、焊接夹具、热处理夹具、机床夹具与检验夹具等。按使用范围，夹具又被分为两大类，其分别是专用夹具、通用夹具。下面具体介绍专用夹具、通用夹具与机床夹具三类。

1. 专用夹具

专用夹具，是指在加工时为适应某一工件或工序的要求而设计制造的专用装备。

2. 通用夹具

通用夹具，是夹具中使用最广泛的一类，常见的通用夹具有虎钳、卡盘、分度头等。其优点是适应性强，能够缩短生产准备周期，减低生产成本，减少夹具品种。

3. 机床夹具

机床夹具，包括磨床、铣床、车床及齿轮加工等。这一类夹具的作用主要表现在：

（1）扩大机床的使用范围。

（2）保证加工精度。

（3）提高加工效率。

（4）减轻劳动强度，保证安全生产。

（5）保证机床的基本工艺性能。

五、刀具、磨具与模具

1. 刀具

刀具也叫作切削工具、刃具等，主要指改变工件几何形状的如钻头、车刀、铣刀等加工工具。它在机械制造工业中被广泛运用，被形象地称为切削加工的"牙齿"。

2. 磨具

磨具，是指用磨削方法改变工件几何形状的砂轮、磨头、油石等工具。磨具由一种硬度高、颗粒锋利的磨料制成。其中磨料分为天然磨料和人造磨料两大类。天然磨料有石榴石、刚玉、金刚石和石英等。人造磨料有人造金刚石等。

3. 模具

模具在机械工业中占据重要地位。通常，模具可细分为冷冲模、压铸模、粉末冶金模、锻模及塑料模等类型。

班组工具管理的内容

班组工具管理的主要内容包括以下两点：

一、准确编制计划

准确编制计划，也就是根据班组实际生产需求，制订一项完整的班组工具需求计划，并进行相应的协调工作。

二、建立工具使用档案

（1）根据工具在生产过程中发挥的作用以及其所具备的基本技术特征，用"十进位"法把工具分成类、种、组、项、型，即把所有的工具分成 10 类，每类分成 10 种，每种分成 10 组，每组分成 10 项，每项分成 10 型。

（2）采用十进位法、字母法和综合法等为工具编号。

（3）注册登记。无论是个人还是集体使用班组工具甚至工具管理室急用，都需要建立账目，以备生产所需。班组长要定期对班组所使用的工具进行全面了解。使用工具前和管理工具，通常要填写工具管理注册表，如表 3-5 所示。

表 3-5　工具管理注册表

类　别	编　号	工具名称	任务编号	使用日期	完好情况	存放地点	保管人	借用人	交换日期

班组日常工具管理的实施

班组日常工具管理主要分为两大类：通用工具的管理与专用工具的管理。

一、通用工具的管理

1. 根据规定手续办理工具的借用与领用

班组应该备有工具使用保管卡片，以将操作人领用工具的名称、数量、型号、规格等记录下来。对于共用的工具也需要建卡管理，其中，个人使用工具，需要填写借用卡，如表 3-6 所示。

表 3-6　个人工具借用卡

编号：　　　　　　　　　　姓名：

项　次	工具名称	规　格	使用数量	借用数量	借用日期	预定归还日期	使用者签名	实际归还	经办者签名

2. 做好工具的合理保管

工具保管应责任到人。部门应专设一卡，登记公用工具，并确定工具保管责任人。各责任人负责此工具的日常保管、正常损坏后换领与工作，并对工具的限期内损坏、遗失等负责。

3. 做好工具的合理使用

也就是说，所有的工具都需要按照性能以及工艺规范合理使用。工具的使用需要按照其工艺要求，在其强度、性能所接受和允许的范围内使用，严禁随意使用。要坚决禁止精具粗用的现象，不容许专用工具代替通用工具，并且在使用过程中注意保持精度。

4. 建立工具的报废、报损和丢失的处理制度

每一个工具都有其寿命，正常消耗与磨损是合情合理的，可是，但凡可以修复的要及时采取措施，恢复其原来的性能，如刀具的磨刃、量具的修理等。对于不可以修复的工具，需要在定额范围内按照手续报废（旧）并以旧换新。

5. 做好工具事故处理工作

对于在使用工具时发生事故，相关部门除做好事故处理工作外，工具管理人员也要查清楚是不是由于工具自身缺陷造成了事故，如工具在使用前就已经损坏，或长时间没有保养而操作不灵活，或工具本身设计不合理等，并报请相关部门维修或更换新工具。

6. 做好奖励工作

对节约工具和改进工具方面做出突出贡献的作业人员应给予相应的精神或物质上的鼓励。

二、专用工具的管理

专用工具在管理方法上与通用工具相似，可以参考。

怎样进行工具配备与设计

工具配备的作用是在满足生产需要的情况下减少工具的占用量。工具设计则主要针对一些专用工具及夹具。

一、工具的配备

作为班组长，需要根据不同生产所具备的特点以及加工对象、设备具体情况等因素，对班组及其成员的配备工具进行具体的分配。

1. 工具消耗定额的计算

在工具配备时，班组长需将工具的消耗定额计算出来。工具消耗定额是生产一定数量的产品或零件所要耗费的工具数量。它是决定工具消耗总量和计算产品成本的必要数据，也是组织供应的依据。制定工具消耗定额的方法如下：

（1）技术计算法。以工具使用时间的长短与工具的耐用时间作为依据，确定消耗定额。其计算公式如下：

某种工具消耗定额 = 制造一定数量产品使用某种工具的时间 ÷ 某种工具的耐用时间

（2）经验统计法。通过对工具消耗的统计资料的分析，确定消耗定额。

（3）概略法。以每一种设备对于某种工具的需求量比率确定消耗定额。

2. 班组公用工具的配备

班组公用工具的配备通常由班组长和班组工具室按工具配备定额确定应该配备的品种、规格及数量。班组公用工具配备的相关要求有：

（1）对一般常用的工具应该满足正常生产需要的前提下给予配备。

（2）对非常用的工具一般采取向工具室借用或临时调配的办法，而不予配备。

（3）对年消耗量大的工具需要严格执行工具室实行的年限额领用制度，减少领用次数。

（4）配备给班组的长借工具，是班组在进行某项集体活动时共同使用的而非配备给某个人的工具，应该由班组工具负责人负责保存。

3. 操作工人工具的配备

为操作工人配备工具是班组长工具配备中心的主要任务。

操作工人工具的配备，指的是单机操作者与独立工作需要配备的工具数量。工具的配备需要根据操作工人操作设备的型号、精度，操作工人的技术水平，加工工序、加工工艺等因素的不同加以区别。依照工具的使用情况，在配备工具时要以生产过程中使用次数较多的工具为主，如钢锯架、钢丝钳、活动扳手等五金工具应予配备；对于刃具、磨具等消耗工具不宜配备，对于不经常使用的工具，则需采取临时借用的制度，对操作者长借的工具尽量配备给个人。

4. 工具配备的要点

在进行工具配备时，需要遵守以下规定：

（1）按工种核定配备定额配备工具时，需根据加工对象、技术水平工种、加工工艺等因素的不同，区别配备。

（2）在工具配备时，以生产中经常使用的工具为主，对于不经常使用的不配备。

（3）配备的长借工具，最好配备给个人，若必须对小组配备长借工具时，需要指定专人保管。

（4）按机床核定配备定额配备工具时，应根据型号、精度及其加工工序、加工工艺等因素，区别配备。

二、工具的设计流程

因为工具设计千差万别，复杂多样，在此以夹具的设计为例来详细介绍工具设计。夹具设计的流程如下：

1. 商谈阶段

一般情况下，夹具的设计与制作均是由技术部负责，但是关于制作的建议可以来自多个部门。作为夹具设计人员，在与委托部门商谈制作工艺时，需要掌握以下要点：

（1）了解委托制作人员或部门所希望的夹具是什么样的？主要用于什么工序？

（2）了解夹具在什么环境下使用？是用来加工、装配还是检测的？

（3）什么时间交货？

2. 调查阶段

（1）现在的夹具是不是可以沿用？其当前的使用情况怎样？

（2）研究讨论制作新夹具所花费用。

（3）如有必要，取一作业对象实物配合确认。

（4）对作业对象的特性有什么不了解的地方，需及时向相关人员请教。

（5）对作业对象的功能进行详细的了解。

3. 构想阶段

（1）将草图画出来，让构想更为具体化。

（2）对作业对象的夹持部位、定位方法、基准部位的开启方法、托持方法等诸项条件进行综合性考虑。

（3）调查市场，确定是否可以买到通用标准件。

（4）适当地缩短构想阶段的准备时间。

（5）让加工顺序更加合理化。

4. 设计阶段

（1）画出草图，对照图纸和作业对象，确定还有什么错误的地方，若有偏差，需及时调整。

（2）设定夹具零件的安装位置和方法。

（3）设定加工方法、刀具、材料等事项。

（4）考虑清楚它们的互换性。

5. 作图阶段

（1）根据国家制图标准（GB）或者企业内部制图标准制作图。

（2）制订基准，把草图上的所有零件都以图的形式展现出来。

（3）定好尺寸，把加工精度、公差等要求详细记录下来。

（4）若有必要，可以把加工条件也详细写明。

（5）完成草图，并对错漏之处进行最后确认。

6. 检图阶段

（1）在尺寸上。

1）有没有错误。

2）有没有缺漏。

3）有没有重复。

4）字迹是不是清晰。

5）板厚有没有指定。

（2）在图形上。

1）有没有错误。

2）是不是采用三角画法。

3）是不是能够看明白。

4）是不是需要进行辅助图形的补充说明。

5）图形的比例是不是合适，如果不遵守比例，要说明。

（3）在线条上。

1）有没有缺漏箭头指标。

2）中途有没有断缺。

3）有没有重叠。

4）实线与尺寸线有没有加以区别。

（4）记入栏。

1）名称、图号、机种有没有缺漏。

2）材质、粗糙度、个数有没有缺漏。

3）比例尺是不是恰当。

4）表面处理、淬火有没有缺漏。

5）表面处理面积是多少。

6）是不是需要文字说明。

7）有无图纸订正来历。

8）设计、制图、检图、承制的责任人是谁。

三、设计工具的要点

在此，依然以夹具为例进行工具设计要点的基本介绍：

（1）要对作业对象的形状进行详细调查，对其作业方法充分了解。

（2）要对夹具的加工条件与加工方法有所熟悉。

（3）对生产一线的反馈情报充分听取。

（4）要站在使用者的角度上反复思考，保证使用者的安全。

（5）手动操作机构要考虑操作的便捷度，耐用性好。

（6）制作材料需要尽量选择标准件，缩短加工时间。

（7）结构精巧简单，作业对象在夹具上要容易装卸。

（8）设定作业对象的基准位置与基准面时，需要注意后工序的统一。

（9）考虑夹具是不是通用化、标准化。

（10）夹具结构的控制力要均衡，强度要足够。

（11）加工所用夹具的结构要容易清扫，防止碎屑堵塞。

（12）夹具之间的切换时间要少，以免发生因切换所致的精度偏差。

怎样进行工具保养

工具保养是工具正常使用的重要保障。在班组中，班组长要指派专人保养工具，并且对工具的出库、入库、清退、报废与报失等做好记录。

一、工具室中工具的保养

（1）在工具室内，不允许放置油类和易燃、易蚀、易爆物品，必须配有防火器具。若有必要，还要制定相应的防火制度。

（2）保证工具室内的空气流通，有充足阳光照射，工具摆放合理，取用方便，整齐清洁，一切工具都要放在室内，切忌露天放置。

（3）做好工具的防锈、防潮、防尘、防霉、防腐工作，以延长工具寿命。

（4）对于不同的工具，需做好不同处理，如短的上架，长的吊挂，刀具隔离，量具入盒。

（5）在搬运砂轮时，禁止碰撞和滚动，以防磨损。

（6）在用量具需要按照检定周期送检，检查通过后要擦拭干净，涂油密封上架。

二、工具的防锈

工具防锈工作，指阻止或避免能够引起腐蚀的工具或介质的接触，以及消除腐蚀所采取的措施。对金属制品防锈，除了在金属制品的表面进行镀铬、镀锌、搪瓷、涂漆等工艺，使金属制品表面加上一层永久性的保护层之外，还可以在冶炼过程中加入一些合金元素，增强抗蚀性能，防止与周围能引起锈蚀的介质产生锈蚀。当然，防止工具生锈的方法不止这两种，譬如以下介绍：

1. 油脂防锈

油脂防锈的方法是在矿物油当中加入些许油溶性缓蚀剂，以喷刷、浸涂在量具、刃具的表面。

2. 气相缓蚀剂防锈

气相缓蚀剂防锈的方法主要是用一种与金属制品不接触的挥发性缓蚀剂。而这种缓蚀剂的最大特点就是能够对生锈气体进行全方位抵抗，适用于结构复杂、不定型的制品工具。用这种防锈工艺制作出的工具较油脂防锈清洁、美观。

3. 防锈工艺

刃具的油封防锈工艺是防锈工艺中的一种，其所采取的是除油清洗、纯化、烘干、涂油、包装等手段。

三、工具的除锈

工具的除锈方法主要包括化学除锈、手工除锈和机械除锈三种方法。

1. 化学除锈

化学除锈的方法是用化学药品除掉金属表面的锈，其工艺过程是除油、热水洗、冷水洗、除锈、中和（3%~5%碳酸钠水溶液）流动水冲洗、纯化、干燥、油封。

其中，常用除锈液有磷酸水、铬酐磷酸水和铬酐硫酸水等；常用纯化液有重铬碳酸钠水、三乙醇胺亚硝酸钠水等；常用的除油清洗液有氢氧化钠、磷酸三钠、水玻璃和水，氢氧化钠、碳酸钠、水玻璃和水等几种。

2. 手工与机械除锈

手工与机械除锈的方式都是通过微量的切削方式消除已经产生的锈。这两种方法对于金属工具制品本身的光洁度与精度有比较大的影响，所以，这种方法通常只用来消除精密程度要求不高的工具表面的浮锈。

四、量具的周期检定与保养

量具的周期检定保养，是指为了确保量具量值的准确与统一，对量具进行的定期鉴定与修理。

量具检定周期是由企业的计量站与计量中心依照相关标准，结合企业的实际情况制定的，并将执行情况列入企业经济责任制中进行考核。其中，考核的指标为量具周期检定送检率。

在量具的周期检定过程中，凡是通过检定的量具，都要由检定员下发全新的合格证和签注使用期限。对于没有通过检定的量具，要找出问题所在，并及时做出调整与修复，达到标准之后才可以再次使用，仍不合格及无法修理合格的作报废处理。量具的使用者与有关单位需自觉遵守周期检定的规定，在规定时间内将器具送检。无合格证和超期计量的器具一律不准使用。

在量具保养过程中需注意的要点有：

（1）操作者需要熟悉量具的正确使用方法与保养知识，保证量具得到合理使用。

（2）量具要由专人使用，并进行定期保养与维护，严禁作不合常规的使用。

（3）量具需要按照规定进行摆放，严禁磕碰、掉落或受到其他冲击，严禁放在高温、潮湿的地方，以免生锈、腐蚀。

（4）如果在使用过程中发现问题要及时汇报，严禁擅自拆装量具。工件（制品）尚未静止时或机器开动时勿用量具进行测量。

（5）在使用量具之前要对测量部位进行清洗，使用之后要恢复其正常状态，并做好清洗工作。

（6）操作精密检测仪器时的动作要相对轻缓，被测量的工件不要超重，并且要在清洗、擦净和退磁之后才可以装上量具，若操作者中途需离开，切记关闭电源。

（7）常用量具及其附件每个月都要进行一次保养，使用次数较少的量具每半年进行一次保养，近期不用的计量检测仪器要装盒密封，并开具"计量仪器封存证"，每年进行一次检查、保养、通电。

（8）放置精密仪器的场所要做好防尘、通风、防雷电等工作。

（9）为确保量具量值的准确性，所有在用计量器具应严格按周期检定日程表进行周期检定。

五、工具的报废

工具的报废分为两种：一是正常报废；二是非正常报废。工具的正常报废，是指工具在使用时因磨损至失去效能或精度而无法修复。工具的非正常报废，是指操作工人违犯工艺操作规程或责任心不强造成非正常损坏。对于第一种情况，班组长可以按照报废的标准批准进行以旧换新的工作，而对于第二种情况，班组长要分析其中的原因，查清责任，并对责任者给予一定的经济处罚。

下列工具在使用过程中磨损、报废的标准是：

1. 台虎钳

螺母、螺杆间隙及润滑配合间隙大于 1.5~2 毫米；本体有裂纹；钳口间隙大于 0.3 毫米。

2. 车刀、铣刀与镗刀

刀片剩余部分较原刀片的 1/3 小。

3. 铰刀

实际尺寸较孔加工精度要求小，标准部分长度较原标准部分长度的 1/3 少。

4. 齿轮刀具

按照允许的耐用度与磨损量表规定。

5. 铣刀

切削齿高度较原高度的 1/3 小。

6. 锉刀

锉工件（硬度 HRC30°以内）打滑、齿不锋。

7. 钢丝钳、尖嘴钳等

电工用的刃口磨损间隙超过 0.2 毫米、齿口间隙大于 0.4 毫米；其他工种刃口磨损间隙超过 0.4 毫米，齿口间隙大于 0.5~0.8 毫米。

8. 钻头

φ10 以内切削刃长度小于直径 2.5~3 倍，φ10~20 小于直径 2.5 倍，φ20~0 小于直径 1.5~2 倍，φ40~60 小于直径 1~1.5 倍，大于 φ60 的小于直径 1 倍；弯曲度大于 0.05~0.15 毫米；锥柄表面磨损严重。

9. 风动工具

机构不能运行或运行不畅；严重漏气，不达标。

10. 电动工具

电器部分失灵，机械部分不能运转。

11. 活扳手

涡轮、涡杆咬合面不到 1/2，钳口不平行度超过 3/5。

12. 丝锥

校准部分严重磨损，切削刀低于螺纹表面，切削刃瓣厚度小于原切削刃瓣。

13. 中心钻

剩余尖端长度较直径小。

14. 螺丝刀

刃口硬度过高或过低。

15. 砂轮

剩余直径为原直径的 70%~80%。

16. 板牙

切削刃前后面不光影响加工精度，切削刃瓣厚度小于原切削刃瓣厚度的一半。

17. 金刚石

按金刚石管理办法执行。

18. 量具

按检验部门计量检定的报废单执行。

第三节　TPM（全面生产管理）活动的运行

什么是 TPM

TPM（Total Productive Management，全面生产管理），其具体含义包括以下四个方面的内容：

（1）以达到最高设备的综合效率为目标。

（2）始终以建立完善的能防止灾害、不良、浪费的体系为宗旨，希望最终构成"零"灾害、"零"不良、"零"浪费的体系。

（3）从生产部门开始实施，逐渐发展到开发、管理等所有部门。

（4）从最高领导到第一线作业者全员参与。

TPM 的优点很多，如彻底地改善生产、把损失降到零、提高生产性能、降低生产成本等，也正因如此，它才被高度评价为从保养活动开始的一种全员参加的管理活动。

TPM 的中心思想是"三全"，即全效率、全系统、全员参加。

一、全效率

全效率也叫作综合效率，主要由产量、质量、费用、交货期、安全、劳动情绪及环境卫生七方面组成。也就是说，综合效率要兼顾这七个方面的内容。

二、全系统

全系统指对设备的使用寿命周期的管理。

三、全员参加

全员参加指从企业最高领导人到一线生产工人的所有与设备管理有关的部门和人员，都需要参与到设备管理的活动中来，并且一同承担责任。

TPM 的特点与目标

TPM 是通过建立一种全系统员工参与的生产维护工作，实现设备性能的最优化。其特点与目标如下：

一、TPM 的基本特点

（1）TPM 以 5S 活动为基础。

（2）TPM 活动以全体员工为主体。

（3）TPM 以设备及物流为切入点进行思考。

（4）TPM 以相互连接的小组活动为形式。

（5）TPM 创造整合有机的生产体系。

二、TPM 的四"零"目标

TPM 的首要目标就是预防并消除设备故障造成的六大损失，即准备调整、器具调整、速度下降、加速老化、检查停机、生产不良品，真正做到停机为零、废品为零、事故为零、损失速度为零，在实现生产效益最大的同时，做到费用消耗的合理化。

1. 停机为零

停机为零，指的是计划之外的设备的停机时间是零。计划外的停机对于生产造成的影响非常大，严重者会让生产陷入困境，造成资源的严重浪费。当然，计划时间也要有一定的合理值，不能为了达到零停机而让计划停机时间值过高。

2. 废品为零

废品为零，指的是由设备原因造成的废品是零。"完美的质量需要完善的机器"，机器是保障生产质量的关键，而人是保证机器完好的关键。

3. 事故为零

事故为零，指的是在设备运行过程中的事故是零。如果发生设备事故，不仅对生产造成影响，还会造成人员伤亡，严重的可能会"机毁人亡"。

4. 速度损失为零

速度损失为零，指的是设备速度降低造成的产量损失是零。如果没有保养好设备，就会影响设备性能，从而降低速度，造成损失。

TPM 活动的内容

IPM 活动主要包括两个基石和八个支柱。

一、两个基石

（1）5S 活动。

（2）小集团活动：包括自发的、职务的小集团活动。

二、八个支柱

1. 个别改善

根据具体设备的不同，如设备的利用情况、合格率、性能稼动率、生命周期等，对设备实施个体化利用，让企业设备的总体利用效率得到提高。这个体系需要全体部门的相互配合。

2. 自主保养

按照自主保养的一般步骤，建立小集团自主保养活动体制。

3. 专业保养

专业保养，指凭借专业技能进行的保养活动。建立并实施定期保养、预防保养系统，并确定保养作业效率化。

4. 品质保养

用品质改善活动，设定不生产不良品的条件，并建立起维持管理体系。建立这一体系需要全体员工全身心的投入，用精品战略的思路完成产品的生产。

5. 人才培养

提高专业保养人员的技能训练，培养员工保养能力和技能。此项工作主要由人事部门负责。

6. 环境改善

改善设备工作条件与工作环境的活动，建立零灾害、零公害的体制。

7. 初期改善

设计部门与技术部门优化加工、改善品质的过程。

8. 事务改善

提高办公效率。

TPM 推进的五大原则

在推进 TPM 的过程中，需要遵守以下原则：

一、始终坚持自愿自律

TPM 小组活动是员工自觉参加的，在业务中互相交流信息，一同提高，并寻找解决问题的办法的自律性小组活动。若仅是少部分参与或是为了应付诊断搞出一些突击活动，那么 TPM 活动注定会失败。TPM 是一个循序渐进的活动。作为主管或班组长，务必要合理安排时间，提示活动的方向，给予员工足够的关怀。对于落后的小组要予以必要指导。

二、坚持实践主义

TPM 是一项彻底性的实践活动，在改善时不可急功近利、急于求成。若省略过程，只看重结果的话，那么在现场所遵循的原则将不复存在。

三、不断改善业务

TPM 让现有的业务在进行时变得更方便、更容易、更有效率、更安全。在业务已改善的 TPM 活动中，每个小组都要体现出各自的价值与特色，都要有明确的目的。改善后，变更点必须反映到标准管理项目上，做好 TPM 与标准管理的衔接。

四、明确各阶段的目标

准确把握目前的工作水准，用最佳的状态作为决定的目标来开展活动，最好是以零缺陷为目标，阶段的目标要将阶梯式上升的差异性充分体现出来。

五、个人与组织共同发展

TPM 活动要以人为中心。只有将多数人的潜力发挥出来，才可以让小组活动更加顺利、有效地进行。

TPM 推行的阶段

对于企业来说，任何活动的推进都要遵循一定的步骤，TPM 也不例外。

一、制订 TPM 计划

这一阶段的主要任务是制订 TPM 计划，创造一个适宜的氛围。其主要分为四个步骤完成：

第一步：TPM 进行宣传与人员培训工作。

其中，宣传要点是总经理的 TPM 宣言，如此做的目的是让企业员工了解 TPM 可以创造的效益，同时，教育员工要具备团结意识，彻底打破"维修工只管维修，操作工只管操作"的思维习惯。

第二步：建立 TPM 推进组织。

这一步骤的要点是成立 TPM 推进室、委员会与实践小组。成立推进委员会的范围广泛，可以从公司级到工段级，每一阶层都要指派相应负责人，并赋予权力与责任，同时还可成立专门的项目组，对 TPM 的推行进行相应指导，解决现场在推进过程中遇到的困难。

第三步：建立基本的 TPM 策略和目标。

这一步骤的要点是设定 TPM 的基本方针和目标，确定重点管理的目标并进行相应的推进。TPM 的目标主要表现在目的是什么（What）、量达到多少（How Much），以及时间表（When）三个方面，简单地说，就是什么时间在什么指标上达到了什么水准。

第四步：建立 TPM 总体推进计划。

这一步骤的要点是制订出一个完善的全局性计划，并提出相应的口号，让 TPM 能够顺利、有效地推进，逐渐朝着四个"零"的总目标迈进。这一计划的主要内容主要表现在以下方面：

（1）改进设备综合效率。

（2）建立操作工人的自主维修程序。

（3）质量保证。

（4）维修部门的工作计划表。

（5）教育及培训、提高认识和技能。

二、制定目标，落实工作

这一阶段的主要任务是制定目标，落实各项措施，按部就班地开展工作。其主要分为五个步骤进行：

第一步：制定出能使设备综合效率得到提高的措施。

这一步骤的要点是项目管理团队活动，以及相关小组活动。成立各项专业项目小组，小组的成员有工程师、设备操作员及维修人员等。项目小组按照规定选择不同种类的重要设备，抓典型进行总结，起到以点带面的效果。项目小组要帮助基层操作小组确定清理润滑部位与设备点检，并寻找设备错误的根源，解决维修过程中的疑难点，提高操作工人的自主维修信心。

第二步：建立自主维修程序。

这一步骤是以 5S 为基础推行的。在推行的过程中，要克服传统的"我操作，你维修"的分工概念，帮助工人树立起"操作工人能自主维修，每个人对设备负责"的信心。

第三步：做好维修计划。

这一步骤的要点是自主维修活动与日常维修计划结合。维修计划指的是维修部门的日常维修计划，这一计划的实施必须与小组的自主维修活动相结合，并根据小组的开展情况对计划进行适当地调整。最好是生产部经理与设备科长召开每日例会，及时解决生产中遇到的问题，随时调整与安排维修计划。

第四步：提高操作和维修技能的培训。

这一步骤的要点是班组长集中教育。这一过程中，不仅要对操作人员的维修能力与技能进行全面培训，还要对其操作技能进行培训。在培训时，要因材施教，有条不紊地进行。如对班组长，培训其管理技能，基本的设计修改技术等；对高级操作工，让其学习基本维修技能、故障诊断与修理技术；对有经验的工人，培训其维修应用技术；对新进员工，培训其学习基本操作技能。

第五步：建立新产品、新设备初期的管理程序。

这一步骤的要点是开发与研制容易使用的设备、容易制造的产品。

三、对成果进行总结、评价

对 TPM 活动及其成果进行总结性评价。评价 TPM 成果是否达到企业和部门的 TPM 目标；评价设备检查、检修润滑、备件管理等活动的成效。若有不足要及时改进，并根据企业当前的情况，制订出下一步更高的目标。

在此需要特别注意的是，推行 TPM 并不具有固定的模式，企业要根据自身的具体情况与特点革新与取舍，选择以三支柱或五支柱等形式进行。最后需要说明的是，这一切都要建立在 5S 活动的基础上。

TPM 的主要手段——OEE

TPM 使用的主要手段名为设备综合效率（Overall Equipment Effectiveness, OEE）。通常情况下，每个生产设备都有自己的一套理论产能，预实现这一理论产能就需要保证没有质量损耗。从某种意义上来说，它是一种严格的机器总体性能的衡量手段，主要提示时间都浪费在哪里，统计各种时间浪费的目的是进行改进。

一、影响 OEE 的因素

通常情况下，影响 OEE 的变动与六大损失相关联：

1. 故障停机损失

故障停机损失，指的是因为故障停机所造成的时间损失或因为生产不合格产品造成的数量损失。偶然故障造成的显著的、突然的设备故障一般是明显且易纠正的，但是频繁的、慢性的故障时常被忽略。因为偶发性故障在所有损失中所占比重较大，所以很多企业为避免这种损失投入了大量的时间、精力、金钱。可是，要消除偶发性故障造成的损失是相当困难的。所以，必须进行提高设备可靠度的研究，要让设备效率实现最大化，让故障逐渐接近于零。

2. 换装和调试损失

换装和调试损失，指的是因换装、调试所导致的停机或产出不合格产品造成的损失，通常发生在一个产品的生产完成后因生产另一种产品进行换装和调试的时候。

3. 空闲和暂停损失

空闲和暂停损失，指的是因为错误操作而停顿或机器空闲时的短暂停顿造成的损失。如一些工件将滑槽顶端阻塞导致的设备空闲；因生产出不合格产品，传感器发出警报而产生的设备关闭。很明显，这些停顿只需将阻塞的工件去除和重新启动设备就能够恢复生产，与故障停工存在本质上的不同。

4. 减速损失

减速损失，指的是设计速度与实际速度的差别。速度损失严重阻碍了设备效率的发挥，作为班组管理人员，需要仔细研究，将两者之间的差距降到最低。

5. 质量缺陷和返工

质量损失，指的是因为设备故障引发的生产过程中质量的缺陷或返工。在生产的过程中，因为操作人员的操作失误导致机器出现故障，所以生产出很多不良品。企业要对这部分产品进行返工或修正，严重的甚至要进行报废处理，这些都属于质量缺陷或返工损失。

6. 开工损失

开工损失，指的是生产的初期阶段（从设备启动到稳定生产）产生的损失。这些损失的数量因为设备、夹具和模具的维护水平，工序状态的稳定性以及操作技能的熟练程度等的不同而有所差异。这项损失较大，而且是潜在的。在实际操作中，通常会不加鉴别地认为产生开工损失是不能避免的，所以不予消除。

二、OEE 的计算方法

从总体上说，OEE 与时间、性能、合格品有关。其计算公式为：

OEE = 时间开动率 × 性能开动率 × 合格品率 × 100%

在 OEE 的计算公式中，时间开动率所反映的是设备的时间利用情况；性能开动率所反映的是设备的性能发挥情况，换句话说，就是实际加工产品所用时间与开动时间的比例；而合格品率则反映的是设备的有效工作情况。简单地说，就是一条生产线上的可用时间只占据运行时间的一部分，在此期间只能将部分性能发挥出来，而且在生产的所有产品中只存在部分合格品。

时间开动率 = 开动时间 ÷ 负荷时间

其中：

负荷时间 = 日历工作时间 – 计划停机时间 – 设备外部因素停机时间

开动时间 = 负荷时间 – 故障停机时间 – 设备调整初始化时间（包括更换产品规格、更换工装模具等活动所用时间）

性能开动率 = 净开动率 × 速度开动率

而，

净开动率 = 加工数量 × （实际加工周期 ÷ 开动时间）

速度开动率 = 理论加工周期 ÷ 实际加工周期

合格品率 = 合格品数量 ÷ 加工数量

性能开动率的高低反映了生产中的设备空转，无法统计的小停机损失。净开动率是小于 100%（含）的统计量。在净开动率的计算公式中，开动时间能够通过时间开动率计算出来。加工数量，就是计算周期内（一般为一个月）之内的产量（吨），实际加工周期，就是在生产稳定不间断的情况下，生产 1 吨上述产品所需的时间；其实，由于实际加工周期在计算速度开动率时是分母，与和净开动率中的分子约去，所以此参数可以忽略不计，直接使用"理论加工周期 ×（加工数量 ÷ 开动时间）"来获得性能开动率。

从原则上说，理论加工周期是小于实际加工周期（含）的，即速度开动率是小于 100%（含）的统计结果。一些企业在进行设备加工时其设备的运转速度是超出设计速度的，这样就让速度的开动率超出了 100%，进而使性能开动率超过 100%。不过，基于以下理由，可以得出，速度开动率超过 100%是不可取，也是不合理的。

（1）若设备的开动速度超过设计速度，就好比设计负荷 5 吨的大桥开过 8 吨的货车一般，属于掠夺性地、不计后果地使用设备，这种方式是不科学的，也是不可取的。

（2）若设备的原设计指标较为保守，那么在实际操作中，设备的开动速度可以有所提升。经过论证，这种提升并不会对设备造成损害。

（3）异常提升设备运行速度（让设备进入耗损故障状态的时间过早）造成速度开动率不正常的夸大，这种情况虽然会得到较高的 OEE 水平，但是设备的寿命会大大缩短。从而降低了设备的产能利用率（Total Effective Efficiency of Production，TEEP）。再加上一些设备维护不当等问题的存在，必然会对企业产生误导，如此很不利于激发设备管理者对人—机系统等八大损失的攻关和控制。

TEEP = 设备利用率 × OEE

其中：

设备利用率 =（日历工作时间 – 计划停机时间 – 非设备因素停机时间）÷ 日历工作时间

三、OEE 的应用范围

1. 机台设备的 OEE（单个设备）

（1）单个设备所对应的相同机种相同工序。

（2）单个设备所对应的不同机种相同工序。

（3）单个设备所对应的相同机种不同工序。

2. 非机台设备的 OEE（一条生产线、一个工作站），以人为标准

（1）相同机种相同工序。

（2）不同机种相同工序。

（3）相同机种不同工序。

3. 整个工厂的综合效率

虽然 OEE 更多地应用在一台机器上或一条生产线上，而不能应用在整个生产线或全厂上，这样才有意义，但是作为一系列一体化的综合关键业绩指标中的一部分，OEE 可以作为评估整个企业生产设备状况的指标，如生产设备的产能状况、自动化程度、人员配置状况，以确定企业目前的生产产能和设备技能情况，从而为企业调整生产作指导。

四、实行 OEE 的作用

（1）可以针对问题，分析和改善生产状况及产品质量。

（2）方便管理者宏观查阅生产状况和了解生产信息。

（3）可以帮助管理者发现和减少生产中存在的六大损失。

（4）使机台设备保持良好的正常运转。

（5）能最大化提高资源和设备的利用率，挖掘出最大的生产潜力。

（6）使人力与机台设备科学配合，发挥出最大化的潜能。

五、使用 OEE 时的注意事项

（1）相对于整个生产线或全厂，OEE 用在一台机器上更能发挥出实际作用。

（2）OEE 不可以独立使用，需作为一系列一体化的综合关键业绩指标中的一部分来运用，不然，将会造成生产批次规模加大或有质量缺陷的产品。

（3）OEE 必须坚持精益原则，保证对 OEE 的计算不会导致浪费合理化、制度化。

班组如何开展 TPM 自主活动

TPM 自主活动的主要活动内容和目标是"四"无，即无故障、无事故、无废品、无工作差错；主要特征是全员参与，把少数人做的事情变成全体员工的自发行动。

一、小集团的组成方式及其活动形式

小集团属于车间属下的基层组织，其人数一般是 3~10 人，组长由民主选举产生（通常由班组长担任），有能力的组员也可以担任。每周开一次例会，时间为半小时到一小时。公司每年至少召开两次 TPM 大会，总结工作并对优秀的小集团进行奖励。

二、小集团的活动内容

（1）据企业当前的 TPM 总计划，制订小集团的奋斗目标。

（2）对故障停机等，提出自己的建议和措施，并说出个人完成的目标。

（3）认真填写设备状态记录，对实际情况进行分析研究。

（4）定时定期召开会议，对目标完成情况做出评价。

（5）评价成果并确定全新目标。

三、小集团各阶段活动的侧重点

1. 初期

以清洁、培训为主。

2. 中期

以维修操作为主。

3. 后期

以小集团会议、检查和自足维修为主。

四、小集团活动的阶段性发展

1. 自我发展阶段

自觉要求掌握技术，时刻充满信心。

2. 改进提高阶段

不断改进工作及技术，富有成就感。

3. 解决问题阶段

目标与企业目标互补，自觉处理与解决问题。

4. 自主管理阶段

设定小集团更高目标，独立作业。

五、小集团活动的管理思想与模式

小集团活动的目标与公司的目标一致，要将完成企业的目标变成企业员工的需要。这点能否做好，关键在于管理思想。权威型的管理模式只注重生产变量，习惯以规则、命令管理企业，员工对上级产生畏惧心理，这种心理可以在短时间内提升效率，却无法支撑员工长期坚持下去。参与型管理比较注意人的利益、成就感、上进心，所以，这种生产率的提高是长期的。一个优质的管理应该将"权威型"与"参与型"结合起来，但要以"参与型"为主。

第四章 现场物料管理：保证有序生产的根本

第一节 物料的验收与发放管理

如何进行物料特采管理

对于判定为不满足图纸或规格内的零件成品，在对品质不造成障碍的前提下，因为经济或时间的原因，例外地予以使用（包含降级使用），称为特别采用，简称"特采"。

一、特采的适用范围

进厂未经检验和不符合规格的原物料及未经检验和不合格的最终成品，都可以"特采"。

二、进行特采的原则

（1）特采物料要能够满足客户的需求，不能存在安全隐患，同时要排除售后客诉的可能性。

（2）进行特采申请的原物料必须是重复采购较困难或生产急需的物料。

（3）特采物料不可对生产造成阻碍。

（4）如果签订合约，那么特采需要经过客户同意。

三、原物料特采作业流程

（1）品质部按照企业的规定对进料进行检验，当判定此为不合格产品时，需要填写"不合格品处理单"，并通知采购部。

（2）采购部接到"不合格品处理单"后，根据此物料重复采购的困难度与生产对物料的需求紧迫度，在遵循特采原则的基础上，开立"特采申请单"（一式三份）。

（3）采购部提出特采申请之后，要交由生管部、生产部、品质部、仓储部主管进行会签。各主管在会签时需要写明对本次特采的意见与建议。

（4）"特采申请单"需要在申请之后的4小时之内会签完毕，后提交给总经理审批。

（5）任何特采申请都必须由总经理或其代理人审批同意之后才可生效。

（6）核准后的"特采申请单"分发至采购部、品质部、仓储部。仓储部在接到这一"特采申请单"之后便可办理相应的入库手续，并且对此物料进行标识管理。

（7）没有经过此程序而自作主张引进不合格物料入库的人员，公司要予以相应处罚。

四、特采品的管理

1. 如何识别和区分特采品

（1）申请部门需要在特采零件或特采成品的包装票上做出明显的标识，或加盖"特采"印。

（2）品质部门应对特采物料所生产的产品的订单号码、产品型号、生产日期、组别等都要进行严格记录，以便日后进行质量检测。

（3）要对特采品的实施数量进行全面管理，勿让特采品与非特采品混作一个批量纳入、出库组装或出货到客户处。

2. 如何检查和使用特采零件

（1）对于已经申请的物料，来料检查部门需进行控制，实施数量管理。在检查过程中，要特别确认是不是和特采项目决定的内容一致。

（2）在制造过程中，因使用特采物料引起的工序异常，须及时通知相关人员，特别工程技术人员，以采取有效的解决措施。

五、防止再发

（1）虽然产生的不良品能够特别采用，但并不表示这种不良是能够被接受的。对于工序内的不良，要实施纠正和预防措施，提升品质；若不良是上一工程留下的，那本工序需要通过书面形式通知其加以改善，并且跟踪改善的结果。

（2）有必要时，可以请求技术部门进行工程改善指导。

如何进行辅助材料管理

辅助材料，又叫作副料或副资材，指的是在生产过程中不构成产品的主要实体，却又必不可少的辅助消耗性材料，如胶水、手套、油脂、封箱胶纸等。

对于零部件，要用多少人们心知肚明，可是对于辅助材料的种类有哪些，用量多少是少有人知道的。其实，我们不能因为辅助材料在生产中的作用不大，就将其忽略，一旦辅助材料短缺或者变质了，亦会对生产造成巨大损失。所以，如何管理辅助材料就成了班组的一个重要问题。

一、辅助材料的存量控制

辅助材料因多是从市场上直接采购的，既方便又快捷，所以不需要大量库存，增加管理负担。但是，对于一些较专业、需进口或通过特采渠道采购的，如设备专用油脂、无水乙醇等，就需要根据采购周期或使用量设定安全库存，以防短缺。

不管辅助材料是不是有专人加以管理，都要通过台账明确记录名称、型号、供应商（名称、地址、电话）、使用量、采购周期、最低库存等相应内容，让管理更一目了然。

二、辅助材料的库存管理

1. 安全库存警示

因辅助材料人人都能够用到，短缺则会对生产造成影响，所以设定安全库存警戒线是必要的，让每个人一看就知道某辅助材料快没了，进而通知管理者订购。库存警示的方法有很多，如提醒牌、警戒线、报警装置等，可以根据实际情况加以确定。

2. 合适的存放方法和场所

根据材料的不同特性设置不同的存放场所，纸张类要在干燥的环境里存放；易燃易爆物存放在专门仓库；试剂溶液要放在阴暗、低温的环境中。

3. 确定保管期限

采购部门为了省事，通常会订购大量辅助材料。有的辅助材料（如胶水、密封圈等）会随着时间的延长而变质，这种材料用在产品上会造成品质问题。所以，对于某些辅助材料需要与零部件一同管理，控制保管时间。

三、使用管理

1. 使用量控制

对于辅助材料的使用量能够控制好是管好辅助材料的基础。这就要求班组长要清楚地知道哪些产品在用它、台用量多少、月用量多少，并反映在台账中。

2. 厉行节约

即使是副料，也不可以毫无节制地使用，造成资源浪费。班组长可以根据用量定额发放或采用以旧换新的方法，以防浪费。对于一些影响环境保护的物品（如电池、氰化物容器），要做好回收工作。

3. 简化领用手续

辅助材料每个人都要用到，如果领用程序过于复杂，一定会对管理造成不便。所以，班组长要尽量简化领用程序，采用"送货上门"或"柜台"的方式，做到"管理"与"方便"双赢。

如何进行产品的设计变更

设计变更是指由于设计、生产、品质使用等诸多因素，需要对产品的发生规格、型号、物料、颜色、功能等进行的相应变更。

一、产品设计变更处理程序

一般情况下，在进行产品设计变更时，其处理程序如下：

（1）技术部（研发部）根据客户的要求或产品需求，将制作而成的设计变更指示交由相关部门审阅，或将产品的要求，作成设计变更指示给相关部门。

（2）班组长接收到设计变更指示书后，要将其管理号、接收日期、名称、主题事项等登录到"文书管理台账记录表"中，并且按照规程填写"产品设计变更确认表"。"产品设计变更确认表"如表4-1所示。

表4-1　产品设计变更确认表

日　期	改变指示标书	改变产品编码	产品名称	注意点	关联区	实施日期	机　种	组装号

（3）班组长负责产品检查规格书和成品检查规格书、工程内检查指导书、作业指导书的修订。若有必要，可修订调整工艺的操作流程。

二、设计变更实施

（1）首批设计变更产品纳入之后，班组长要参照图纸对设计变更的内容进行详细、全面地确认，并做出设计变更的标识，通知相关人员。

（2）在装配的过程中，由工艺人员与班组长一起对设计变更之后的组装性做进一步确认，并做好记录。

（3）在实施时若有异常出现，要立即通知相关部门前往调查，分析原因，并给出决策。

（4）对于实施日期、批量有要求的，需要严格按要求的实施日开始进行设计变更。

三、旧零件处置

（1）对于可以使用的旧零件，需要根据旧零件库存量，安排生产，确保旧零件的优先使用权。

（2）对于追加工后可以使用的旧零件，一定要重新检验合格后才做入库处理，追加工记录和再检记录要予以保存。

（3）对于不可再使用的旧零件，要做好隔离与明确标识，依照公司规定的程序进行处理。

如何进行用料预算

用料预算管理是企业物料管理中的重要一部分。班组长有带头进行物料使用预算以及管理好班组用料的责任。

一、常备材料的预算

对于常备材料，应由生产管理单位按照生产、保养计划定期编制材料预算与存量的基准明细表（见表4-2），拟定用料预算。

表4-2　材料预算及存量基准明细表

编　号：　　　　　　　　　　　　　　　　填写日期：　　年　月　日

材料名称	
规格（代号）	
单　位	
后三个月预算用量	
平均月用量	
月用量预估	
（　月　日）存量	
管制方式	
请调周期	
进货间期	
安全存量	
请购点	
请购量	
最高存量	
可用日数	
需用数量	
备　注	

经理：　　　　　　　　　　主管：　　　　　　　　　经办：

二、预备材料的预算

对于预备材料，应由生产管理单位依照生产保养计划的材料耗用基准，依照科别定期编制存量基准明细表与材料预算，拟定用料预算。其他的杂物用品直接按照过去实际领用数量与库存量，拟定次月用料计算。

三、非常备材料的预算

订货生产所用物料，需按照生产管理单位的生产用料基准，拟定用料预算，其他材料则直接由使用单位拟定用料预算。

如何进行用料差异分析

材料预算用量与实际用量差异与管理基准不相符时，需要按照下列规定进行分析：

一、对常备用料的差异性进行分析

对于内购材料来说，材料管理单位应该在每月 10 日之前就上月实际用量与预算用量进行比较，其差异率在管理基准（企业根据自身情况自行拟定）以上的，则需要填写材料使用差异分析月报表，并报送管理部门分析原因并提出解决方案。对于外购材料，材料管理单位应该就前三个月累计实际用量与累计预算用量进行比较，若差异率在管理基准以上的，按照上述方法处理。

二、对预备用料的差异性进行分析

材料管理单位以一个月或三个月为单位，在次月 10 日前就一个月或三个月累计实际用量与累计预算用量相比，其差异率在管理基准（企业根据自身情况自行拟定）以上的，则需要填写材料使用差异分析月报表，并报送管理部门分析原因并提出解决方案。

三、对非常备用料的差异性进行分析

订货生产的用料由生产管理部门在每批产品制作完成之后，再分析用料异常。

怎样进行进料、领料、退料与发料作业

在采购物料与仓库管理时经常会遇到这样那样的问题，如待收料、收料、物料检验、超交处理、短交处理、急用品收料、物料验收规范、检验结果处理、退货作业等各种情况。可是，要如何处理这些情况呢？下面对进料、领料、退料和发料的流程进行详细说明。

一、进料作业

进料作业，指货物在进库存储时进行的卸货、搬运、清点数量、检查质量、装箱、整理、堆码、办理入库手续等操作。进料入库时需根据货物入库凭证，清点货物数量、检查货物与包装质量、检查货物标志后按规定入库。

二、领料作业

1. 对生产所需的领料

（1）按规定填写"领料单"，注明单号、日期、料号、品名规格、单位、申请单位、生产任务单号、申请数量、申请理由说明，交由经理审批。

（2）审批通过之后，仓库需要根据领料单备料、发料，发放物料与单据要经过仓库管理员的审阅。若补料中有不良品出现要做好标识，放于不良区；若审批没有通过的，不可以领料。

2. 对非生产所需的领料

（1）搞清库存量，按照实际需求填写领料单，并且注明单号、日期、料号、品名规格、单位、申请单位、生产任务单号、申请数量、申请理由说明，交由经理审批。

（2）审批通过之后，仓库需要根据领料单备料、发料，发放物料与单据要经过仓库管理员的审阅。

3. 领料的一般程序

总的来说，领料的基本程序就是编制、审核、批准、领取。

（1）使用部门在领料时，需先由领用经办人员开出"领料单"，经过主管核实、签订之后，才可向仓库办理领料。

（2）领用工具类材料（具体事项由企业自行制定）时，领用保管人要手

持"工具保管记录卡"到仓库办理领用保管手续。

（3）材料在检验的过程中，因为急需使用而需领料的，其"领料单"应经由主管核实并签字，并且在单据上说明，才可办理领料程序。

三、退料作业

如果在领料的时候发现材料不符合要求，就要及时办理退货手续，这时要涉及采购部门以及仓库主管部门等。不过，退料作业不会牵涉会计部门，因为退料作业并不存在账目上的变化，这时采购部门与供应商进行洽谈，要求重新发一批合格的产品。

四、发料作业

在发料之前，需要做好的事项是：原件货物的包装整理，零星货物的组装分配，待运货物的仓容及装卸机具的安排调配，包装材料、用具、用品的准备，发货作业的合理组织等。发料的一般程序是验单、登账、配货、包装、待运、复核、待运、交付、销账等流程。

第二节　物料的储存与盘点管理

如何进行 ABC 分类管理

ABC 分类管理是指根据事物在技术或经济方面的主要特征，进行分类安排，分清重点和一般，从而有区别地进行管理的一种管理方法。由于它把被分析的对象分为 A、B、C 三类，所以又被称为 ABC 分析法。

一、ABC 分类的方法

通常情况下，被处理的物料有可以量化和不可以量化之分。不可量化的物料，只有凭借自身经验与技术进行判定，而可量化的物料，可以通过科学的分类与分析进行正规化管理。其具体步骤如下：

1. 年耗用量统计

将一年之内使用的材料制作成表，并加以分析、统计，这样做的目的是清楚知晓生产现有产品所需的物料有哪些，一年之内的使用量是多少。

2. 计算金额

每一项材料都有其价格，用单价与年使用量相乘，就可以将该材料在一年之内的使用额计算出来。

3. 按照金额大小排列

将材料统计表的金额按照大小顺序排列，制作成表格，方便阅览和研究。

4. 计算每项材料占总金额的比率

计算每项材料占总金额的比率的公式为：

该项材料占有比率 = 单项金额 ÷ 材料总金额

5. 计算累计比率

将按照单项材料所占金额的比率进行逐一累计。

6. 画出柏拉图

将第五个步骤的数据画成柏拉图，再根据累计金额决定 A、B、C：

A 类——0%~60%；

B 类——60%~85%（合计）；

C 类——85%~100%（合计）。

二、A、B、C 三类物料存量控制

对于企业来说，A、B、C 三类物料占据种类比例与金额比例存在一定差距，所以对 A、B、C 三类物料需采取不同方式进行存量控制。

1. A 类物料

A 类物料种类少，金额高，存货过高会让大量资金积压在仓库，为避免此类情况的发生，要尽量降低库存量。

2. B 类物料

B 类物料介于 A 类和 C 类之间，种类比例与金额比例均属一般，可能采取设置安全存量的方式。

3. C 类物料

C 类物料种类多、金额少，可以采取一次性订购较大批量、降低采购成本的管理方式。

物料分类管理应注意的问题

在实施 ABC 分类管理法时，企业还需要注意两个问题：一是单价的影响；二是库存物料的重要性。

一、物料单价问题

ABC 分类一般以物料的年消耗金额为标准。年消耗金额一样的两个物类，一个年需求量大，单价小；另一个年需求量小，单价大。对于这样的两种物类，其在管理原则上略有不同。在管理上，单价高的物料通常比单价低的更严格。因为单价高，库存量略微增加一些，占有金额就会明显上升。所以，但凡是单价高的物料，在管理上都有以下要求：

（1）和客户保持紧密联系，明确使用方向、需用日期与数量，准时组织进货，控制库存量，以减少资金和库存压力。

（2）和客户商议代用的可能与方法，尽可能少用甚至不用高价物料。

使用 ABC 分类管理法时，可以再细分为单价高与单价低两小类，成为 A 类中单价高的与单价低的、B 类中单价高的与单价低的、C 类中单价高的与单价低的六类。当然，也有人觉得，只要将 A 细分即可，B、C 没必要再细分。

二、物料的重要性问题

在实施 ABC 分类管理法时，仅仅考虑消耗金额是不够的，还需将物料的重要性考虑在内作为补充。物料的重要性主要表现在缺货造成停产或影响正常生产；缺货会危及安全；市场短线物料，物料短缺之后不能及时补料。

企业不应该将 ABC 分类与物料的重要性混为一谈，这是因为它们具有不同的意义。A 类物料固然重要，因为它们的年消耗金额最高。同时，部分 A 类物料也具有缺货会影响生产、危害安全与不易补料的性质，可是部分 A 类物料并不具备这样的性质。而某些 B 类与 C 类物料，与 A 类物料相比年消耗金额虽不算高，但却具有缺货会影响生产、危害安全与不易补料的性质。因此，B类与C类物料也可能是重要的物料。

对于A类物料，企业采取的策略是降低安全系数，压低库存，采用加强管理的方式弥补造成的损失。可是对于重要的物料，企业的策略则是增加安全系数，提高可靠性，辅以加强管理。

如何进行用料存量管理

企业用料存量管理主要分为三类：常备材料的库存管理、预备材料的库存管理、非常备材料的库存管理。

一、常备材料的库存管理

物料管理部门根据实际情况（之前的材料预算用量、交货所需时间、需用资金、仓储容量、变质速率和危险性等诸多因素的综合考量），选择恰当管理方法，以"材料预算及存量基准明细表"表明各项材料的管理点，连同设定资料一同交由主管核准。主管核准无误后，所呈材料作为存量管理的基准，并拟"常备材料控制表"进行库存管理作业。但是，当材料存量基准设定因素变动对管理点产生影响时，物料管理部门要立刻修订存量管理基准。

二、预备材料的库存管理

物料管理部门需要充分考量材料预算用量，在仓储成本、精简采购的原则之下，以"材料预算及存量基准明细表"设定存量管理基准加以管理，当材料存量基准设定因素发生变动时，物料管理部门需要立即修订存量管理基准。

三、非常备材料的库存管理

由物料管理部门依据预算用量及库存情况实施管理。

如何进行物料搬运作业

物料搬运，指在同一场所内进行的、以改变物料存放的空间位置与状态为目标的活动。物料搬运不仅对仓库作业效率的提升十分重要，而且直接影响生产效率。在生产型企业中，管理库房班组的班组长往往要对货物搬运入库、货物在仓库中的存放、货物从存放地点到订单分拣区域的移动以及最终到达出货区准备运出仓库等环节负责。

具体的物料搬运作业主要有：垂直运动——装卸作业；水平或斜面运动——搬运作业；转向——绕垂直线转动作业；翻转——绕水平轴线转动作业；码垛或取货——提升或下降作业。

一、物料搬运的原则

1. 规划原则

对全部物料的搬运与存储活动进行详细规划，以达到最大的整体操作效率。

2. 系统原则

把各式各样的搬运活动与涵盖供货商、进货、储存、生产、检验、包装、仓储管理、出货、运输和顾客的整体操作系统相融合。

3. 机械化原则

即进行机械化的作业搬运工作。

4. 空间利用原则

尽量使建筑物容积的使用最佳化。

5. 简化原则（精简原则）

减少或消除不必要的设备移动简化搬运。

6. 自动化原则

让生产、搬运和储存等工作实现自动化。

7. 使用率原则

让设备规划与人力使用率达到最佳。

8. 安全原则

为加强搬运安全提供合适的方法和设备。

9. 维修保养原则

规划所有搬运设备的定期保养和维修。

10. 适应性原则（灵活性原则）

除必须使用某种特殊设备外，采用可以适应各种工作和应用的方法与设备。

11. 管制（控制）原则

使用物料搬运活动来改善生产、存货和订单处理的管制（控制）。

12. 生产能力原则

使用搬运设备改善生产能力。

13. 重力原则

利用重力搬运物料。

14. 减轻自重原则

减少移动式搬运设备空重与载重的比率。

15. 标准化原则

将搬运方法、搬运设备种类、搬运设备尺次等标准化。

16. 物料流程原则

提供一种最佳化物料流程的作业顺序与设备布置。

17. 搬运作业效能原则

用单位搬运的费用来决定搬运的绩效。

二、搬运的方法

搬运的方法大致可区分为：

1. 人工搬运

人工搬运，就是在不借助任何其他外力、全部使用人力的情况下，对物料进行搬运。虽然这种方法能节省金钱，但却不安全、不经济，浪费体力及时间，一般情况下应尽量少用。

2. 工具搬运

工具搬运，就是利用推车等工具对物料进行搬运。这种搬运方法能够大幅提升工作效率，让厂房整齐、清洁。当然，也有可能因为工具不足造成物料搬运不及时。

3. 机器搬运

机器搬运，就是利用长车、叉车等机器对物料进行搬运。不可否认，这种搬运方式能够在很大程度上节省人力和时间，提高工作效率，但是消耗大。

三、搬运物料要注意的事项

在搬运物料时，应该提供防止物料变质或损害的搬运方法和手段。对搬运的控制可以通过编制"搬运作业指导书"加以有效监督。其具体内容如下：

（1）在搬运时，对于容易磕碰的部位要提供相应的保护，如保护套、防护罩等。

（2）选择和物料特点相适应的运输工具或容器，如叉车、载重汽车、托盘、货架、集装箱等，以加强对运输工具与容器的保护。

（3）对精密、特殊的产品还要防止震动和受到温度、湿度等环境的影响。

（4）若物料在搬运过程中要经过环境污染地带，需要进行适当的保护。

（5）对易燃、易爆或者对人身安全有影响的物料，在搬运过程中要加以严格处理。

（6）对具有防震、防压等特殊要求的物料，在搬运的过程中要采取专门的防护措施与醒目标识，并注意保护标识，防止掉落或摩擦。

（7）确保准确无误地送到指定的加工、检验点或仓库。

如何提高搬运作业水准

一、遵守物料搬运的原则

物料搬运所遵守的原则有：规划原则、系统原则、物料流程原则、简化原则、重力原则、空间利用原则、单元尺次原则、机械化原则、自动化原则、设备选择原则、标准化原则、适应性原则、减轻自重原则、使用率原则、维修保养原则、过时作废原则、管制原则、生产能力原则和安全原则。

二、善于发现问题

作为班组长，不应时刻等待着员工来报告问题，而要亲自检查并发现问题的所在，起到监督控制的作用。

如在工厂里经常可发现工作人员在频繁地走动，对于这一现象应该怎样分析呢？如果是管理人员在做督导性的工作当然属正常，如果走动的是一般工作人员，那么可能是工厂的布置有问题，员工作业没有最佳最近的活动位置，也可能是员工没有按照物料搬运标准来进行搬运，等等。班组长对于这些看似正常的走动，不能熟视无睹，而是要仔细分析，发现问题。仔细一想，事实上这些走动有许多是可以消除掉的，这样可以减少无效工时，提高效率。

三、认真分析原因

任何事情产生的结果都是有原因的。如果班组长发现搬运物料效率不高的问题，就应该根据实际情况仔细分析原因。搬运作业其实是最简单的一项作业，对直接生产并无贡献，也不会产生任何附加价值。在生产现场，如果搬运作业浪费过多的时间和精力，那么给工厂带来的损失也就越大，所以如何进行高效的搬运作业是班组长必须要考虑的问题。问题的根本就是分析效率不高的原因，然后采取措施进行解决。

四、处置方法

（1）认真做好各种搬运分析，对搬运距离率、搬运重量率、平均弹性指数进行计算分析的总结。

（2）对搬运方法、容器及物品的放置法、搬运量、搬运人员等有关搬运的因素进行详细调查。

（3）真正落实搬运的机械化、自动化、标准化。

五、确定搬运活性指数

搬运活性指数是指搬运某种状态下的物品所需要进行的四项作业（集中、搬起、升起、运走）中已经不需要进行的作业数目，指物料的存放状态对搬运作业的难易程度。

用活性指数来表示现场的材料与制品移动的难易度时，应注意将一切保持很高的活性指数。这是因为，所费的人工越多，活性就越低。反之，所需的人工越少，活性越高，但相应的投资费用也越高。

散放在地上的物料要运走，需要经过集中、搬起、升起和运走四次作业。按难易度区分活性指数：整理（弹性指数 0）、放入容器（弹性指数 1）、堆积（弹性指数 2）、装在车上（弹性指数 3）、移动（弹性指数 4）。

如果所需作业人员最多，那么活性指数最低，即活性系数定为 0。如果利用输送带搬运，其活性指数定位为 4。所以，班组长必须根据物料搬运的

实际情况确定搬运活性指数，有利于更好地调配员工

六、进行搬运分析

（1）对待搬运准备、装载、搬运路线、距离、缺货时间等内容要有全面、准确的把握。

（2）对于利用堆高机等搬运方法，应把握材料、制品的搬运次数、总搬运重量、总搬运距离等，并把握搬运工具的故障率。

（3）不断研究搬运方法，追求最合适高效的搬运方式。

（4）仔细考虑现场的物料流程，同时努力降低搬运距离率及搬运重量率，并提高平均活性指数。

第三节　成品、不良品和报废品的管理

生产成品如何管理

成品库存管理班组主要负责成品的收、发、管工作和退回货物的前期验收，及待处理品的收、发、管工作。其管理的主要工作内容如下：

一、入库

（1）在检验时，合格产品打印"入库单"到成品库办理相关入库手续。在办理手续的过程中，库管员要检查、核实产品的品名、型号、数量等标识是否正确、规范以及外包装是否干净等，符合要求的才能够入库。

（2）成品入库之后放到仓库的合格区域之内。

1）产品入库后，库管员要及时审核，将产品的名称、型号、规格、批号、生产日期、数量、保质期和入库日期以及注意事项等记录下来后，按照"产品标识和可追溯性控制程序"的规定做出标识；未检验或检验未通过的产品不得入库。

2）库管员要妥善保管入库产品的相关质量信息，包括验证记录、原始

质量证明、检验报告单等，每个月将这些质量记录按照产品的类别与时间顺序装订成册、编号存档。

二、贮存

1. 贮存场地要求

贮存产品的场地要求地面平整，便于通风换气，有防鼠、防虫设施，以防库存产品变质或腐坏。

2. 合理安排库房空间，划分固定区域

库存产品应分类、分区存放，每一批产品都要在合适的区域标出标识，防止错用、错发。其具体要求如下：

（1）库存产品要进行标识管理。

（2）库存产品的存放要做到"三齐"，即码垛齐、堆放齐、排列齐。离地、离墙10~20厘米，并且要与屋顶保持一定距离；垛与垛之间也要有合适的间距。

（3）成品按型号、批号码放，高度不可以超过6层。

（4）有冷藏、冷冻贮藏需求的成品需要按照要求放入冷库或有空调的库房。

三、发放

任何人在进行成品提取时，都要出示"出库单"。

成品库的库管员必须凭借经过审核的"出库单"、"发货单"发放成品，在发放的过程中要做到以下要求：

（1）认真核对"出库单"、"发货单"的内容，要求字迹清晰、填写完整、手续齐全，如若不能满足，则不能发放。

（2）发放时，要仔细核对实物的品名、型号和数量，只有符合出库凭证的才可以发放。

（3）发放完毕，库管员要对"出库单"、"发货单"再次审核，单据要妥善保管。

（4）发放时，如果产品的标识不完整或破损，要做出新标识之后再发放。

（5）同一规格的成品应按"先进后出"的原则进行发放。

四、仓库内部管理

（1）成品库的主管部门应该对库存物品进行不定期抽查，检查账、物、卡的相符情况、存放情况等。原料库主管要对仓储环境条件、物料超期贮存、损坏、变质及有无错放、混杂等现象进行抽查，发现问题要及时处理。

（2）仓库做到防潮、通风、清洁，无苍蝇、老鼠。

（3）对有毒有害或带有腐蚀性的物品要进行隔离贮存，并采取相应的防护措施。

（4）对于喷粉产品要严格按照贮存规定进行存放，保持通风，发现问题要及时向上级报告，以得到尽快处理。

（5）凡打开包装的成品，需要重新密封包装，不得敞开存放。

（6）成品库负责样品的包装、发放。样品包装上应该有标识。样品应该在生产出的 3 个月内发放。如果将作为样品的产品在 3 个月之后发放，须报验，经检验合格之后才可进行发放。

如何处理不良物料

一、不良严重程度的区分

发现产品不良时，需要先根据重要程度划分缺点并登记：

A 等级（致命缺点），其判断标准为：①有可能导致人身不安全状况；②使产品机能完全丧失，以致无法使用。

B 等级（重度缺点），其判断标准为：①由于性能不合格而降低产品的实用性，导致难以完成初期目标；②在使用时需要改造和交换部件等；③在使用初期尽管没有大的障碍，但能导致产品寿命缩短。

C 等级（轻度缺点），其判断标准为：几乎不会对产品的实用性或有效使用、操作等带来影响。

二、不良物料的处理

1. 不良相关信息的收集保存

不管是批量发生还是个别发生的不良，都要尽可能地保存样品，因为样品更加直观（如异常音、划伤等），对其后果与影响比较容易判定。

2. 不合格品的区分

将不合格品做好标识，分别存放。

3. 不合格品的处理

不合格品的处理方法一般有四种，基本流程如图 4-1 所示：

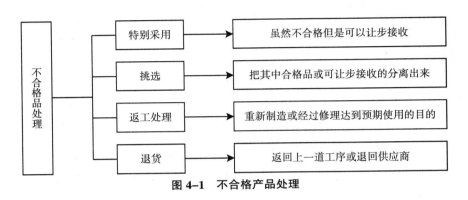

图 4-1　不合格产品处理

4. 不良品的再次确认

除特别使用的零部件之外，其他经返工、挑选、修理等处理后的可用品，都需要再次检验，确定合格之后才可入库或使用。

5. 纠正处理

为了防止不良品的再次出现，要对问题进行深入分析，之后向有关责任部门发出"不良纠正表"，并确认对策（改善措施）。

如何处理呆废料

一、呆废料的分类

1. 呆料

呆料，指的是存量过多、耗用量过少、库存周转量较低的物料。通常情况下，呆料的耗用量极少，很可能不知道什么时候才会动用或一直不动用。当然，这绝不表示呆料已经丧失了其原来应具备的特性和功能，相反，它是百分之百可用的物料，只是呆置在仓库中，很少动用。

2. 废料

废料，指的是报废的物料，简单地说，就是经过长期使用已经磨损过甚、残破不堪或已超过其寿命年限，以致原本功能丧失不具利用价值的物料。

3. 旧料

旧料，指的是经过长期使用或存放，失去原本的光泽与性能，导致本身价值减低的物料。

4. 残料

残料，指的是在加工过程当中，所产生的物料零头，虽然已经丧失了主要功能，但依然可以再次利用的物料。

二、呆废料处理的目的

变成呆废料的物料其价值虽已下降，但是仓库的管理费用却不会因为物料价值的下降而有所减少，因此以同样的仓储管理费用保存价值急剧下降的物料，显然不经济也不实惠。呆废料之所以要处理，其目的性体现在以下几方面：

1. 物尽其用

呆废料放置在仓库中得不到利用，时间久了物料必会锈损腐蚀，价值降低，因此应该物尽其用，适时予以处理。

2. 减少资金积压

呆废料闲置在仓库里面不加以利用，让一部分资金积压，若能及时将其处理掉，就可以减少资金的积压。

3. 节省人力及费用

呆废料未经处理之前，依然需要有关的人员看管，因此会产生部分管理费用，如果可以将其处理掉，则上述人力及管理费用即可节省。

4. 节约仓储空间

日积月累的呆废料必然会占用大量的存储空间，甚至对仓库的管理造成影响。为节省仓储空间，呆废料要适时处理。

三、呆料的处理

呆料的处理途径有以下几种：

（1）调给其他班组利用。

（2）修改再利用。有些呆料只需在规格上稍作改正，就可以加以利用。

（3）借助新产品设计之时推出，减少呆料库存。

（4）破坏焚毁。对于没有办法出售、交换、调拨再利用的呆料，宜以物料的类别分别焚毁或掩埋。

四、废料的处理

在一些小规模企业，当废料积累到一定程度的时候，就要及时进行处理。在一些规模大的企业，可以将废料集中一处并从事物料解体的工作，将解体后的物料分类处理：

（1）其中有很多的材料能够移为他用，如机械零件、胶管、电子零件等都能够重新利用。

（2）其中有很多残料，如钢条、钢片等可做残料利用。

（3）剩余的废料要小心分类，如铝、铅、钢料、铜、塑料等需进行适当的分类。

第四节　物料成本的控制和管理

班组长必须关注的几项成本损耗

通常情况下，大小企业之间的竞争，价格战就好比鸡蛋碰石头，因为大企业能够凭借庞大的经济后盾，将价格压低至小企业无法承受的范围，而让小企业知难而退。很显然，在这场战役中，小企业是无力打赢资源消耗战的。正是因为这样，很多组织都采取措施极力控制成本，搞好成本管理。

而生产成本、销售成本、直接成本、间接成本等人所共知的概念自然不必多加赘述，这里主要介绍的是几个不容易被人注意而又为班组管理者必须关注的成本。

一、隐藏的成本损失

很多大项目的成本费用，都是在"杂支"栏目中隐藏下来的，或是列入不同的账目中，如仓储费、搬动费、包装费、运输费等。这一类的支出叠加起来就是一大笔，这些支出会列在不同的账目中隐藏起来。在多数工厂中，经验颇丰的班组长都认识到了关注制造成本的重要性，但是，上面提及的那些项目与制造成本相较，更需做出降低成本的努力。在这些领域里，只要认真检查，降低成本是大有可为的。所以说，企业的班组在降低和控制成本上发挥着举足轻重的作用。

二、设备停滞造成的成本损失

倘若一台机器闲置一段时间，那么这台机器产生的所有费用，包括为这台机器提供的昂贵的服务费，都是从这台机器减产之后的产品中分摊的，当然，因为减产所造成的损失也是成本的一部分。

三、劣质品消耗造成的成本损失

贪恋便宜而忽视成本的采购成本，是昂贵的。在计算成本的时候，不仅要考虑价格的作用，还要考虑产品的质量，是不是能够买到合适的原材料与零配件对于设备的损坏率有很大的关系。设备一旦发生故障，必然影响生产，进而造成亏损。在计算成本时，这些后果都要考虑在内。因此，作为一线管理者的班组长，要及时将这一信息反馈给材料采购部门，从而减少公司的成本支出。

四、管理失误造成的成本损失

从企业管理的层面上来说，员工作业所造成的一切失误都是管理的失误，而管理失误的责任人又是管理干部与管理人员。因此，现场所发生的各种各样的失误与管理都存在直接或间接的关系。任何管理者都应正确认识这一点。一般情况下，管理的失误主要表现在：材料检测失误、样品反馈失误、工艺文本失误、产品设计失误、配合协调失误、方针决策失误、员工教育失误、技术指导失误等。这些失误造成的损失（成本）往往要比员工的更大，甚至给员工造成身体、精神的双重伤害，也给公司造成很大损失，这无形中增加了企业成本。因此，作为现场班组长，要清楚认识到这一点，及时反馈信息，积极参与改正和纠正这些失误，减少和杜绝经济损失。

减少浪费、降低开销的方法

预减少浪费、降低开销，企业不仅要在操作制度方面做出改变，而且要在设备方面有所改善，甚至整个工作组织都要做出调整。

一、减少"藏猫儿"成本

通常情况下，"藏猫儿"被认定为小孩子的游戏，但是生产班组中也存在着如"藏猫儿"那样隐蔽着的成本，其数量已达到令人瞠目的程度。在诸多的隐蔽成本中，所占数额最大的就是拖延造成的成本。如一个工厂引进了一台先进的设备，但是因为操作者的技术能力有限不能熟练地操作，如此就造成了生产的拖延。

拖延3个月才开机，实际上就意味着损失了3个月的生产，这造成的隐性损失是巨大的。

二、克服管理者的管理失误

在管理过程中总会存在各种各样的失误，这一点前面已有所介绍，这些失误通常会被管理者隐藏或转嫁于他人。在现场管理中，要坚决反对或克服将管理者应该做的管理工作有意无意、或多或少地转嫁给其他人。

三、让其他隐藏成本降到最低

班组在生产的过程中，材料消耗、搬运作业、包装、储存、运输、分发等待、无效的加班加点等加在一起是一笔巨大的开支。作为班组管理者，要严格控制这些隐藏成本的支出，或是改善管理方法，将物品、文件和整个流程看成一个整体的物质与经济系统，用极少的开销取得极好的效果。

控制设备维护成本

在诸多成本开销中，设备维护成本占据了很大的一部分。所以，若想控制成本、降低开销，不妨从控制设备维护成本入手。控制设备维护成本的方法主要有选择适宜的维修方式、精心维修与保养设备、加强成本管理教育、完善规章制度、提高设备的有效作业率等。

一、重视设备的维修，掌握设备维修方法

怎样看待生产与市场、生产与维修的关系至关重要。不重视维修，在生产中随性大意，在组织上、资金上、时间上不能为设备的维修与管理提供一个良好的条件，一定会造成设备失修，设备完好率下降等，从而影响到设备效能的发挥，增加维修成本。对此，生产班组不妨改进过去被长期采用的设备三级保养，大、中修等传统做法。要指派专人，用合理的时间进行保养，对于大、中修等计划预修制，也可以用灵活的项修、保养来替代。

二、定期、合理、正确地对设备进行维修和保养

对设备进行正确的操作、合理的使用、细致的维护，可防止设备零部件非正常磨损与损坏，延长修理间隔时间，减少维修费用。

三、对控制设备维护成本进行强化教育

（1）为了控制维修成本，专门设立一个由工程技术人员参加的维修换件把关组，并且就备件领用、非正常损坏件的鉴定与处理等制定专门的程序。

（2）为适应市场需求，维修人员要积极参与、配合厂部进行原辅材料优化配置工作，在不增加成本费用的前提下积极调整设备，以适应各种原辅材料，让工作更加顺利地进行。

（3）展开成本教育工作。想搞好成本管理，就需就费用问题开会讨论、研究分析、商定各种对策，并就其事件发生过程与结果对维修人员进行专门培训，使成本管理工作更加深入人心。

四、进一步完善设备维护和管理制度

完善、合理的设备管理制度，能在很大程度上减少成本的支出。成本管理是企业管理的核心，也是设备管理的重点。为了减少和杜绝设备管理与维修工作当中的管理漏洞，及维修保养不到位、设备带病运转、账物不符、违章操作以及润滑不良等浪费，企业必须在提高全员自觉性的前提下，建立一套完善的设备管理制度。此制度包括先后制定维修费用管理规定、关于旧件修复的鉴定与奖励规定、非正常损坏件与设备事故的报告及处理制度等内容。

五、进一步提高设备作业的效率

设备的性能不好，效率自然不高，另外，闲置时间过长也是对设备资源的一种浪费。所以，为了降低设备维护的成本，企业必须重视提高设备的有效作业率，实行"责任与维修"、"维修人员年度考评制"等管理制度保证作业效率的提高。只有设备的有效作业率提高了，设备的维修费用才会降低。

班组降低成本的管理方法

追求利润的最大化是企业的目标，而增产增收与降本增利是实现利润最大化的有效途径。若有一天企业只注重增产增收，而忽视了降本增利，那么增产增收也就失去了其原本的价值。成本一天天上升，最终上升的成本会抵消增产带来的利润，甚至增产所带来的收益根本无法满足一直上升的成本的需要，让企业陷入困境。所以，班组长在现场要加强对以下几个方面的管理：

一、加强对"降低成本人人有责"观念的教育

在企业中，每个员工都有帮助企业降低成本的责任。成本观念并不是说让大家一定要考虑节省几千元、几万元的计划，这对于多数人是不可能做到的。但是，现实中的小节省却是可以办到的。如果将节约成本的观念落实到每个微小的开支上，那么加到一起就可以成为很大的数目。就是这些看似微不足道的节省对整个企业的经营成本来说，却会收到惊人的效益。因此，对于基层班组来说，改进工作方法就会意外地为公司增加效益，大有可为。

二、加强对控制成本标准的管理

预控制成本，"光说不练"是假把式，只是喊口号或只是盯着财务人员、账目等是不会有任何成效的，必须将降低成本的观念落实到行动中，在一个企业的整个成本控制措施体系中寻求一条强化标准控制的有效途径，才算真正发挥成效。班组需通过以下四个方面对成本进行控制。

1. 直接劳动标准

直接劳动标准，即劳动定额管理、生产效率管理与作业进度管理。在对劳动定额做出规定之后，如何提供生产效率与作业进度成了最关键的问题。

其中，生产效率的提高是企业收取效益最直接的方法。如果班组的产出减少或没有产出，就不能给企业增加收益。所以，必须用作业进度与完成日产出的情况进行对比，核算出标准时间下完成的工作量，并以此为标准，若发现拖延情况，要立刻给予纠正。

2. 工具设备标准

生产班组所用工具的开销是一个不容忽视的大项目，对此，企业不妨采用预算和对实际开销与预算进行对比的方法有效控制工具开销。

3. 直接材料标准

与产品存在直接关系的材料，在普通产品的总成本中所占比例很大，而这就是企业对直接材料开销加以控制的原因。可以说，控制直接材料开销的最好方式就是建立一个"消耗标准"。对于将要生产的每一种产品所需材料的标准和数量，都要严格按照这一标准执行。

4. 间接材料标准

在生产中，间接材料的成本开销在成本费用中也有着举足轻重的地位。所以，企业对于每一项间接材料的开销也应予以关注。

三、做好偏差纠正工作

生产班组在各项生产记录中，如果发现本班组的消耗有所增加或减少，应该做好以下工作：

1. 细分责任

具体情况具体分析，找到造成增加或减少的责任岗位或个人，分清应承担责任程度。

2. 寻找原因

采取排列图法等方法是找出主要问题或主要原因的最佳途径。

3. 采取措施

针对主要问题和原因，采取措施，控制和降低成本。

通常情况下，影响降低成本的原因有三点：一是认为控制成本是所有成员的事情，别人不行动，自己也没必要行动；二是认为控制成本是上级领导的事，自己只管干活，对此不负什么责任；三是认为自己无能为力、难以行动。

在诸多影响成本上升的因素中，的确有一些因素是一线员工无法掌控的。但是，如果企业的各个班组都能够积极行动，降低成本，那么整个企业的运营成本就能被控制。

四、采用现代管理的技术

班组在生产过程中，应加强科学管理，通过全面质量管理、网络技术、全员设备维修等现代化管理方法，实现班组生产活动的标准化、科学化、现代化。

五、提高劳动生产的效率

整个班组的生产效率得到提高的原因是班组内部的员工在单位时间内，生产出了更多数量的产品或创造出了更多的价值。不过，要想使全员行动起来，并非易事，这就需要企业付出努力，如企业可以通过劳动、分配制度改革，提高作业技能，加强作业培训，开展技术革新和技术革命，采用新技术、新工艺、新设备等激发员工的劳动积极性或创造力。

第五章 产品质量管理：班组质量零缺陷管理

第一节 实现班组作业现场质量控制

班组长有严控质量的重要职责

什么是质量？按照国际标准的定义，质量是反映产品或服务满足明确或隐含需要能力的特征和特性的总和。对于产品来说，其质量包括可用性、可靠性、维修性、经济性、安全性和环保性六个方面。

一、产品质量对企业的影响

（1）产品质量是企业的生命，关乎企业的生死存亡。

（2）产品质量影响着企业的利益、信誉、竞争力等。

（3）严控质量可以提高产品价值，实现企业目标。

二、班组长对于掌控产品质量的职责

产品质量的好坏是企业在市场中竞争力的决定因素。而班组成员是企业中最直接的生产者，同时也是企业生产质量的直接监控者和主导者。所以，班组长有严格控制质量、提高产品品质的重要职责。这也是一名优秀班组长必须做好的工作之一。

产品的质量决定企业的效率，而班组生产的质量则决定企业产品的质量，具体来说，班组长有以下质量职责：

（1）认真贯彻产品的质量规章制度，负责好本班组生产的全部过程。

（2）坚持"质量第一"的思想方针，通过对班组成员的教育指导不断提升他们的质量意识和质量责任，督促他们做到作业标准化。

（3）组织班组成员不断学习，培养他们的知识水平和技术能力。

（4）负责班组成员质量指标的分解、落实和完成。

（5）严格执行"三检制度"，即自检、互检和专检，把好质量关，不断改进和提高产品质量，并随时检查。

（6）督促班组成员熟记作业标准和工艺规程，并且严格按照它们来进行作业。掌握操作的重点，杜绝生产不良品。

（7）认真做好原始记录，保证各种原始记录的完整性和准确性，便于以后查找资料、分析原因、精益求精，重点抓好本班组的质量控制。

（8）如果生产过程出现了异常，立即采取措施解决并且仔细分析原因，防止再犯，并做好记录和上报领导。

（9）积极开展 QC 小组活动，对 QC 小组活动进行指导、督查，让小组形成思考、分析、解决质量问题的氛围，搞好技术交流和协作，努力提高产品质量、生产效率和技术水平。

（10）做好各种计划工作（月计划、周计划、日计划），认真组织，开展有序、有计划的生产活动，保持生产文明，开展 5S 活动改善作业环境，提高生产质量。如果没有完成计划，就要仔细分析原因，并调整计划。

（11）推行 PDCA 循环工作方法实行全面质量管理，循序渐进地改进与解决质量问题。

全面质量控制的基本要点

全面质量控制是以组织全员参与为基础的质量管理形式，其含义远远超出了一般意义上的质量管理的领域，而成为一种综合的、全面的经营管理方式和理念。其主要有两个方面的含义：①全面控制，即以优质为中心，实行全体员工、全过程、全方位的控制。②全面质量的控制，包括产品质量和工作质量。

在市场经济快速发展的今天，"以质量求生存"、"质量第一"已经是一条颠扑不破的真理。全面质量控制既是一种能够保证产品质量的完善的科学管理体系，也是现代企业系统中不可分割的组成部分，还是企业管理的重要环节。

全面质量控制的要点包含以下几个方面的内容：

一、设备控制

（1）设备本身具有自动检测装置或设计质量检测程序。

（2）让设备维持在良好的运行状态下。

二、质量控制的过程

（1）让各个工序都能成为质量控制点。

（2）在可行的条件下，对每一项服务与每一个产品部件都进行作业后检测。

（3）当对每一项服务与每一个产品部件不能立刻进行作业后检测时，要将作业的质量绩效尽快告知作业责任人员。

三、组织管理

（1）每一位员工均有发现质量问题停止生产的权力。

（2）每一个作业小组都要对其作业范围内的质量缺陷负责，并予以纠正。

（3）将可纠正的质量缺陷问题反馈给造成该质量缺陷的工作人员，而非转交他人。

（4）在可行的情况下，生产系统中人员与设备的作业布局采用流程式作业。

（5）对完成作业要给予充足的时间。

（6）组织作业人员采取团队协作的工作方式。

（7）培训员工在作业中应用统计控制方法。

掌握质量零缺陷的理论

"零缺陷"就是指把事情做到最好，对质量精益求精，尽量做到完美无缺。

一、零缺陷理论的核心

零缺陷理论的核心用一句话来概括就是：第一次把正确的事情做正确。

其中包含了三个层次：正确做事、做正确的事、第一次做正确。

1. 正确做事

认真考察市场，从客户需求出发制定出相应的战略。

2. 做正确的事

不能随意地经营一个组织、生产一种产品或者服务一个项目，而是要"看准"市场和客户的需求，按他们的要求去做事。

3. 第一次做正确

生产的产品必须充分符合要求，防止不良品和不符合要求的成本的产生，从而降低质量成本，提高效率。

实践表明，要实现"零缺陷"，这三个要素都必不可少。

二、"零缺陷"的基本理念

1. 错误"难免论"

每个工序、每台设备、每个员工不可能每时每刻都保持着最好的状态，总会有或大或小的错误发生。正是由于这种"体谅"导致了作业人员产生了企业可以容忍产品不合格的想法，有了"难免论"的思想，认为"我不是圣人，所以我不能不犯错误"的观念。而零缺陷管理与这种传统观念针锋相对，它是不允许出现"难免论"的，并且让人有一种"求全"的欲望，希望不犯错误，把工作搞好。

2. 每一个员工都是主角

通常情况下，班组长是主角，他们决定着工作标准和各种制度，然后班组成员只能按照标准去执行。而在零缺陷管理中，要求把每一个员工当成主角，不断向他们灌输"零缺陷"的思想，要让他们自己动脑筋来克服各种困难，消除工作缺点，而班组长只是赋予他们正确的工作动机。

3. 加强心理建设

传统的管理方法，班组长一般侧重技术处理，他们只是根据自己既定的观点将方法传授给班组成员。而零缺陷管理则是侧重对班组成员的心理建设，是赋予班组成员正确的工作动机，然后根据班组成员的复杂心理，正确地对班组成员进行管理。

三、对"零缺陷"的具体要求

（1）在生产过程中，如果上一环节出现了问题，就不得不将有缺陷的决策、物资、信息、技术或零部件向下一环节传送，企业必须加以改进，不得向市场和消费者出售有质量缺陷的产品和服务。

（2）在生产过程中，要为每个环节每个层面建立管理制度和规范，要有防范和修正措施，责任必须明确，不能交叉或者失控。

（3）在生产过程中，要树立以人为本的管理思想，建立和完善有效的激励机制与约束机制，充分发挥每个班组成员的工作潜力和主观能动性，让班组成员认为他们不仅是被指挥的被管理者，而且也是可以自由发挥的管理者。这样班组成员就会以"零缺陷"的主体行为而保证产品、工作和班组经营，从而实现产品的零缺陷。

（4）在生产过程中，班组长要根据市场要求和班组发展变化及时调整管理系统，保证产品能够最新最优地满足市场和客户的需求，实现动态平衡，保证管理系统的正常运转。

四、"零缺陷"的实施步骤

1. 建立推行零缺陷管理的组织

如果零缺陷管理没有一个核心的管理组织，那么也只能是泛泛而谈，并不能真正实施。建立推行零缺陷管理的组织，可以动员和组织全体员工积极地投入零缺陷管理，提高他们参与管理的热情和激情，也能吸纳每一个班组成员的合理化建议而进一步改善零缺陷管理。公司的最高管理者要起到表率作用，亲自参加，表明决心，同时要任命相应的管理者，建立相应的制度。

2. 确定零缺陷管理的目标

没有目标，也就没有动力。这就要求要确定短期目标和长期目标，拟定好班组或者个人在一定时期内所要达到的具体要求，包括确定目标项目、评价标准和目标值。在实施过程中，随时将实际与目标进行对比分析，找出不足并改善。

3. 进行绩效评价

对班组和个人进行绩效考评，计算达到目标员工的比例，并对他们给予肯定和奖励。对于没有达到目标的员工，要找出原因并进行指导和鼓励。

4. 建立相应的提案制度

作业人员对于客观因素所造成错误的原因，如物料、设备、工具、图纸等问题，可及时向组长反映并提出建议，也可附上改进方案，然后由组长和提案人一起进行分析和解决。

怎样在班组推行"三检制"

所谓质量管理的"三检制"，指的是操作人员自检、员工之间互检和专职检验人员专检相结合的一种质量检验制度。以上三者结合的自检制度有助于调动员工参加企业检验工作的责任感与热情度，是任何仅仅依靠专业质量检验的检验制度所不能比拟的。班组长需要十分熟练地掌握质量管理"三检制"的有关内容。

一、自检

自检，指的是操作人员根据工序质量控制技术的有关规定对自己加工生产的产品进行检验。它最显著的特征就是检验工作和生产加工过程几乎同步进行。

通过自检，操作人员能够更加清楚地了解自己加工的产品的质量以及工序所处的质量状态；一旦发现问题，能够及时有效地进行处理和解决。

自检制度是员工参与质量管理和落实质量责任制度的重要形式，也是三检制可以取得实际效果的最重要的体现形式。

自检进一步可发展为"三自检制"，即操作人员"自检、自分、自记"，具体如图 5-1 所示。

二、互检

互检，指的是员工之间的相互检查。它通常是指下一道工序对上一道工序流转过来的在制品进行抽样检查，轮班交接时的互检，班组长或班组质量

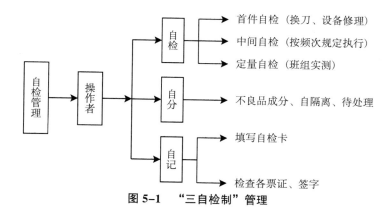

图 5-1 　 "三自检制" 管理

员对于本班组成员加工产品进行抽样检查等。

互检是对自检的补充和监督，同时还有助于员工之间技术的交流与关系的协调。

三、专检

专检就是由专业检验人员进行的检验。专业检验人员熟悉产品技术要求，工艺知识和经验丰富，检验技能熟练，效率较高，所用检测仪器相对正规和精密。所以，相对于以上两种检查来说，专检的检验结果更加准确、可靠。

因为专业检查人员具备一定的职业素养，与受检对象不存在任何利害关系，其检验过程和结果是较为客观公正的。所以，"三检制" 须以专业检验为主。

怎样在班组中推行 4M1E 管理

"质量是制造出来的" 是质量管理的基本原则。为了实现这一原则，就要在生产过程中对影响质量的五个要素——4M1E 进行严格的掌控。其中，4M 指的是人员、设备、材料、方法，1E 指 Environment，意为环境，主要包括环境的温度、湿度、含尘量、噪声、震动及生产工作环境的文明整洁程度等。

一、对作业方法进行管理

为了让每天生产的产品质量控制在规定的基准内，应严格按管理周期反复循环。一般来说，产品质量控制的基本因素主要包括：

（1）制定作业标准。

（2）按标准进行作业。

（3）检查工作质量，与规定基准对照。

（4）发现异常后，分析、调查原因。

（5）出现不良状况时可以认真追究原因并排除。

二、对操作人员进行管理

为降低不良产品的概率，从操作人员到管理人员都要树立起质量意识。

1. 对全体员工的要求

（1）按照作业标准进行作业。

（2）增强质量意识，努力制造出更多的合格品。

（3）能够按照要求的质量标准进行作业。

（4）对夹具、检具、机器等可以细心维护。

2. 对班组长的要求

（1）对员工进行全面培训。

1）让员工充分理解质量标准和作业标准。

2）按照要求进行质量训练。

3）对个别人进行具体指导。

（2）提高员工的质量意识。

1）加强全面质量管理思想和方法的宣传教育。

2）加强对员工作业质量的控制。

3）培养员工的责任心。

三、对材料进行管理

好的产品 = 好的材料 + 好的生产

这里所说的材料并非仅指原材料，也指生产中所使用的其他材料与零部件。所以，为了生产出"好的产品"，就要选用"好的材料"，而想要拥有"好的材料"，就要加强验收检查，改进保管方法，如此，才可避免材料的碰伤、变形和变质等。

四、对设备进行管理

若要提升产品质量，就需要对使用的设备在发生故障之前就发现不良问题。其具体要求是：

（1）使用设备的人员必须进行设备清洁、日常点检、定期点检等工作。

（2）设备点检的方法、结果等详细记录在点检表上。

（3）将设备维修情况及时、详细地记录下来。

五、对环境进行管理

企业需要建立职业健康安全管理体系与环境管理体系。通过对环境各个要素与危险源的分析，评估职业健康安全与环境的风险，并提出相应的应对措施，以确保与职业健康安全和环境有关并适用的国际公约、规则、我国法律法规和其他要求得到遵守，防止排放的污染物对环境造成危害。

怎样处理现场不良品

在生产加工的过程中出现不良品，需要根据相关质量的原始记录，进行分类统计；还要对废品数量、种类、生产废品所消耗的人工和材料、产生废品的原因和责任者等，分别加以统计，并且将各类数据汇总编制成册，为进一步的分析提供参考依据。在对不良品进行统计分析之后，需要查明原因，及时解决，防止不良品再度出现。

质量检验员对于现场出现的不良品要进一步确认，并做好标识，开出不良品票证，建立台账。车间质量员根据相关检查人员开出的票证进行数量统计，并且用文字的形式将"不良品统计日报"告知全体人员。当天出现的废品需要陈列出来，由技术人员、质量员、检验员、班组长及其他有关人员以废品参照物进行具体的分析，判定责任，限期改进，防止事故的再次上演。

第二节　开展质量控制 QC 小组活动

开展 QC 小组活动的基本条件

所谓 QC，即英文 Quality Control 的简称，中文意义是品质控制。QC 小组（即品质控制小组），指的是在生产或工作岗位上从事各种劳动的员工，在自愿的原则下围绕企业的经营战略、方针目标和现场存在的问题，以改进质量、降低消耗，提高人的素质与经济效益为目的组织起来，运用质量管理的理论与方法开展活动的小组。QC 小组是企业中群众性质量管理活动的一种有效组织形式，是员工参加企业民主管理的经验同现代科学管理方法相结合的产物。

在班组生产管理中，开展 QC 小组活动需要具备以下几个条件：

一、领导对 QC 小组活动要给予重视与支持

开展 QC 小组活动不仅是依靠员工办好企业的一项重要措施，也是增强企业竞争力的有力途径。所以，班组长要高度重视，积极引导并将其作为班组管理的关键来抓。班组可以采取以下措施：在班组中设有专职或兼职的负责管理 QC 小组活动的人员；把 QC 小组纳入班组质量工作计划；在有关质量工作的会议上积极宣传 QC 小组活动的意义，参加 QC 小组活动成果发表会，鼓励开展 QC 小组活动；制订并坚持鼓励开展 QC 小组活动的政策等。

二、班组成员对 QC 小组活动要有所认识

只有班组成员对 QC 小组活动的内容、宗旨、意义等有了深刻认识，才能够产生参加 QC 小组活动的欲望，而也只有这样，QC 小组活动才能成为全体员工的自发性活动。因此，作为班组长，必须认真开展质量管理教育，提高广大员工的问题意识、改进意识、质量意识和参与意识，让企业的 QC

活动更踊跃地开展起来。

三、培养 QC 小组活动骨干

一个活动，如果没有核心领导者，就如同一盘散沙，毫无凝聚力可言。所以，班组长要精心培养 QC 小组活动骨干。主管 QC 小组的部门的任务是善于发现、勤于思考、分析问题、处理问题，且要善于在质量工作中发现一些热心于不断改进质量、质量意识较强的积极分子，对他们进行重点培养，让他们既掌握质量管理理论，又懂得运用 QC 小组活动的有关知识和方法，还知道如何组织好 QC 小组活动。

四、建立健全的 QC 小组活动制度

为了让 QC 小组活动持续、健康地发展下去，班组需要将 QC 小组活动作为质量体系要素的重要一环，并且对 QC 小组的组建、注册登记、培训、活动、管理、成果发表、评选和奖励等项目制定出具体的制度，以此对其进行指导。

如何开展质量控制 QC 小组活动

在企业内部开展 QC 小组活动需要经过以下几个步骤：

一、组建 QC 活动小组

对于可能面对的质量问题或可能选择的课题，组织 QC 小组活动。QC 小组的组成人员可以是原有班组、科室、部门的员工自愿组成的，也可以是不同班组、科室、部门的员工自愿组成的；可以是员工、管理人员、技术人员等不同层次的员工自发组建的，也可以是不同高层次的员工依照"三结合"方式自发组成的。也就是说，QC 小组组建的形式并不是单一的，应该根据具体的情况进行组建。通常情况下，小组人数以 3~10 人为宜，人数过多不方便活动的开展。

二、小组注册登记

QC 小组建起来之后，应该在企业主管部门注册登记；若企业同意，还可到所在地的品质管理协会等备案。

之所以进行注册登记，一是为了加强领导，二是为了获得支持和帮助。

注册登记也可以在选择活动课题之后进行。

三、商定小组课题

活动课题是 QC 小组在一个时期之内的目标，关系到整个小组的发展。以下为选题活动课题的一些相关内容：

（1）周围较为常见的课题。

（2）选择具体的课题，一定要有目标值。

（3）"先易后难"，注重能够解决的"小"课题。

（4）选择 QC 小组员工共同关心的关键问题和薄弱环节。

四、选好小组长

组长是 QC 小组的灵魂人物，应该由组员选举推出。对于组长的要求是，既要善于团结他人，又要有一定的技能水平；既具有一定的事业心，又具有改进品质的技术。

五、按照 PDCA 循环模式展开工作

QC 小组活动的基本程序是 PDCA 循环。在活动的每一个环节都要做好详细记录。

六、总结小组活动成果

QC 小组活动完成 PDCA 循环并取得成果之后，要及时进行总结，并将心得、体会总结出来。成果材料必须以活动记录为基础，进行必要的整理，用数据说话，勿要事后编造。成果的主要内容包括：

（1）成果的名称。

（2）对活动进行概述。

（3）为何选择此选题。

（4）分析原因。

（5）采取措施。

（6）实施过程。

（7）实施效果。

（8）标准化措施。

（9）活动遗留问题。

（10）为下一步做打算。

七、发布小组活动成果

指定一名 QC 小组成员把成果总结报告于会议上公布于众。之所以如此，是因为发布成果能够起到鼓舞士气、吸引员工注意的效果。此外，借此机会，还可以让员工彼此之间交流经验，不断提高活动的效果。优秀成果可以推荐到当地或上级的品质管理协会的有关会议上发布。

八、继续开展活动

按 PDCA 循环的结果，可以将遗留问题在下一次的活动会议上继续讨论，也可以重新选择课题继续开展活动。若认为这一问题已经得到妥善处理，那么该活动小组便可自行宣布解散，然后按照全新的品质问题再组建 QC 小组开展活动。

怎样进行 QC 小组激励

当 QC 小组成员凭借自身的热情，围绕企业的目标与现场存在的质量问题，在开展改进质量、降低消耗、提高经济效益等活动并取得一定成果之后，想要继续保持这样的热情，并再一次选择课题继续活动下去，同时也吸引更多的员工参加 QC 小组活动。要达到这一效果，就需要采取有效的手段进行激励。

一、对员工进行荣誉奖励

对于获得一定成绩的员工，班组长要给予及时的肯定，或授予荣誉称号，或发给荣誉证书等。因为这是对员工成绩的公开承认，能够在一定程度上满足个人自尊心的需求，进而达到激励的目的。同时，让其他的员工看到，也能起到激励作用。对于取得成果的 QC 小组，特别是对评选出的优秀QC 小组，要给予相应的荣誉称号等。小组的每位员工都会为得到这一荣誉而自豪，同时也会为维护这一荣誉而继续努力。

二、对员工进行物质奖励

物质激励是诸多激励手段中最基本、最实际的一个。物质激励主要包括奖金、工资和各种公共福利项目，因为工资、奖金、住房等是一个人基本生活质量的保障；同时，员工的收入和住房条件也会对社会地位、社会交往产生一定影响。QC 小组取得成果，创造了效益，应该根据按劳分配的原则对小组的各个成员进行相应的物质奖励。

三、对骨干进行全面、系统的培训

培训激励的作用体现在方方面面，它不仅能够满足员工对于知识的渴求，还可以提高员工的能力，从而胜任更加艰巨的工作。对员工进行 QC 小组的基本知识培训，让他们能够组织 QC 小组进行活动。企业或者班组选派 QC 小组骨干到上级举办的骨干培训班进行更加全面、系统性的培训，一定可以激励员工参加 QC 小组并提升员工的工作热情。

四、帮助员工树立目标与理想

员工是否拥有远大理想，对其积极性的影响很大。作为企业，要根据员工的实际情况设定具体的目标，让他们产生"跳一跳就可以够得到"的想法，之后努力地为这一目标奋斗。

因此，班组长要将理想教育作为激励员工的一个重要手段，帮助员工树立目标与理想，这样就可以让员工充满动力，积极地参与到 QC 小组的活动中去。

五、关心、爱护员工也是激励

如果班组长对 QC 小组的活动重视与支持，对小组员工关心、关爱，员工就会觉得班组长是一个富有人情味的人，从而更加积极地投入到 QC 小组活动中。

什么是质量控制 QC 手法

在 QC 手法中，最常用的就是统计管理法，主要包括排列图、因果图、散布图、直方图、检查表、分层法、控制图 QC 七大工具。

一、排列图

排列图，指将问题的根源进行分类，之后将所有数据依照从小到大进行排列，并绘制出柱状图。它一般是由两个纵坐标、一个横坐标与六个直方形和一条折线组成，左边的纵坐标表示频数，右边的纵坐标表示频率；横坐标表示影响品质的各个因素，按照频数的大小从左到右进行排列。

二、因果图

因果图，指用树枝形状勾画出的表示因果的图形。它将影响品质的各个因素找出来，并按照因果对应关系呈现在图上，使人一目了然。

三、散布图

散布图，指以点的形式在坐标系上画出两个对应变量之间的关系的图，也叫做"散点图"或"相关图"。它用于确认两变量之间是否存在某种关系，帮助判断原因的真假。

四、直方图

直方图，指对同一类型的数据进行详细分析、分组与统计，并根据每一组的具体情况画出柱状图。它将众多复杂数据清晰地呈现出来，让人们清楚地了解总体数据的发展变动，掌握并推测出事物总体的发展趋势。

五、检查表

检查表，指通过表格的形式，对数据进行简单分析与整理的一种方法，亦称为调查表、统计分析表、查核表，它简便、直观地反映数据的分布情况。

六、分层法

分层法，指依照某一线索，对数据进行分类、统计的方法。它将所收集起来的数据的某项特征或共同点进行分类，使之更为系统地展现在众人面前。

七、控制图

控制图，指用统计方法分析品质数据的特性，并设置合理的控制界线，对引起品质变化的原因进行判定和管理，让其处于稳定状态的一种时间序列图。它主要包括控制用管理图与分析用管理图两类，前者专门用于控制工序的品质状态，后者用于分析与判断工序是不是处于稳定状态。

第三节　开展 TQM（全面质量管理）活动

TQM 的概念和特点

一、TQM 的概念

TQM（全面质量管理）就是企业各个部门的开发、保持与质量的改进均以满足消费者的需求为目标所建立的最经济的生产服务有效体系。其中，T代表 Total，指的是与公司有联系的所有人员都参与到质量的持续改进过程中；Q 代表 Quality，指的是完全满足顾客明确或隐含的要求；M 代表Management，指各级管理人员要充分地协调好。

全面是全面质量管理中最关键的词语，它包含了三层含义：一是运用诸多手段以确保产品质量；二是控制质量形成的全过程，而不仅只是制造过程；三是质量管理的有效性应该以质量成本为中心进行优化与衡量。因此，全面质量管理不只是停留在制造本身，已经渗透到了质量成本管理的过程之中。

质量管理指组织以全员参与为基础，以质量为中心，目标是通过让客户满意和本组织所有成员以及社会受益而取得长期成功的管理途径。可见，质量管理的全过程应该包括产品质量的产生、形成和实现的过程。所以，想要保证产品质量，除管理好生产过程，还要管理好设计和使用的过程，对影响质量的因素（4M1E）加以控制，形成综合性的质量体系。

二、TQM 的基本特点

TQM 不但要求从企业最高决策者到普通员工都要参与到质量管理的过程之中，还要求质量管理部门进行质量管理。不仅如此，TQM 的质量控制活动包括从市场调研、产品规划、产品开发、产品制造、产品检测到产品售后服务等全过程。由此可见，TQM 的基本特点是：全员参加，全过程管理，采取一切可行手段，全面控制质量因素，力求全面提高经济效益。

TQM 的实行关键点

TQM 的实行关键在于以下几点：

一、将质量放在第一

如今的多数企业已经意识到质量的重要性，它不仅是企业维持生命的基础，也是企业生存的根本。所以，越来越多的企业将质量摆在第一位，并给予足够的重视与相应的支持，以求质量的不断提高。

二、以顾客满意为基准

伴随着市场经济的不断起飞，供不应求的局面也成为历史，市场上的产品琳琅满目，令人眼花缭乱。正因如此，作为顾客也拥有了绝对的选择权，只有能够满足客户需求的产品才有市场。因此，全面质量管理的中心思想是为顾客服务，令顾客满意，而不是为标准服务。

三、生产全程抓质量

产品质量形成于生产的全过程，这一过程是由多个相互联系的环节组成的，从供应商提供原料、进厂检验控制、上线生产、质量检验，直到合格品入库，每一个环节都或多或少影响着产品的最终质量，而这也就决定了 TQM 的管辖范围。

四、质量以预防为主

在以往的质量管理中，产品的质量是通过产品生产后的检验进行控制的，这并不能够防止缺陷的产生，只是一种补救的措施。

五、允许质量具备一定的波动性

需求决定市场，产品在市场中的销售情况完全取决于客户的满意程度。通常情况下，随着市场经济的不断发展，产品质量会不断提升，顾客的需求也会相应地变得更高。因此，我们必须意识到产品质量与市场规律一样具有波动性，即在允许的范围内有一定的波动。

六、数据是说明质量的最好依据

全面质量管理的科学性与严谨性体现在质量的好坏要依靠数据说话，并非依靠人员的感觉来判断。只有那些真实的统计数据，例如客户的满意程度、产品销售量、市场占有率等，才能够说明产品质量的优劣。

七、自检是质量控制的主体

在 TQM 过程中，对质量的控制应该以自检为主。这样的管理方式也就意味着我们在整个生产过程中必须树立起自我质量意识，而并非等到质量部门检验后才形成质量的概念。

TQM 现场质量管理如何实施

一、TQM 过程的质量管理工作

TQM 过程重在全面性，这就要求 TQM 需要包括设计、制造、辅助、使用四个过程的质量。

毋庸置疑，对于生产一线的班组长来说，制造过程的质量是其最关注的，而现场质量管理就是对制造质量的管理。接下来我们对制造过程的质量进行重点说明，其他过程只做简单的介绍。

1. 设计过程质量管理

产品设计过程的质量管理是全面质量管理的第一道关卡，也就是在产品正式投产前的全部技术准备过程，其主要包括市场调查、产品设计、工艺准备、试制和鉴定等内容。

2. 制造过程质量管理

制造过程指的是对产品直接进行加工的过程。它是企业产品管理的基本环节，是产品质量形成的基础。它的基本任务是在保证产品的制造质量的前提下建立一个可以稳定生产优质品与合格品的生产系统。其主要工作内容包括：

（1）做好各个工序的质量监督工作。让产品按照质量标准进行生产，防止不良品进入下一工序。设置生产工序自检员，制定自检和互检制度，将自检与专职检验相结合，严把"第一道质量关"。它一般包括原材料进厂检验、工序间检验和产品出厂检验。

（2）分析质量，掌握质量动态。分析包括成品分析与废品（或不合格品）分析。分析废品，是为了找到造成这种后果的原因与责任，发现并掌握产生废品的规律性，以采取相应的措施，加以防止和消除；分析成品，是为了掌握产品达到质量标准的动态，以防提高产品的质量。质量分析，一般可以从规定的某些质量指标入手，逐步深入。这些指标有两类：一是工作质量指标，如废品率、不合格品率等；二是产品质量指标，如产品寿命、产品等级率等。

（3）进行工序质量控制。这是在制造过程中保证产品质量稳定性的重要手段。它要求在不合格品发生之前，就能够发现和预报，后予以及时处理与控制，有效减少不合格品的产生。若想要更好地进行工序质量控制，不妨考虑建立管理点。管理点，是指在对生产过程各工序进行全面分析的基础上，把在一定条件与一定时期内的需要特别控制与加工的重点部位或重点工序，明确为质量管理的重点对象。建立管理点的目的，主要是为了让生产处于一定的作业标准的管理状态中，让制造过程的质量控制工作明确重点，以保证各项工序的顺利进行。

（4）促进文明，组织生产。它要求：按照合理组织生产的程序，提高生产效率，实现均衡生产；应有严明的工艺纪律，养成自觉遵守的良好习惯；在制品要摆放整齐，保证储存与运输的安全；设备整洁完好；工具的存放要井然有序；工作地空气清新，布置合理，照明良好，噪声适度。

通常情况下，下列工序或项目应作为管理点：

1）关键部位或关键工序，也就是那些对产品的主要性能与使用安全造成影响的工序或部位。

2）工艺本身有特殊要求的工序。

3）质量不稳定的工序。

4）用户普遍反映或经过试验后反馈的不良项目。

5）对以后工序加工或装配有重大影响的工序。

6）出现不合格品较多的工序。

3. 辅助过程质量管理

辅助过程，就是说为了保证生产的顺利进行而提供各种物料技术条件的过程，它主要包括物料采购供应、设备维修、仓库保管、动力生产、工具制造、运输服务等。

4. 使用过程质量管理

使用过程是对产品质量的最重要的考验过程。它是企业内部质量管理的延续，也是全面质量管理的出发点和落脚点。在这一过程之中，其主要任务是提高服务质量（包括售前和售后），保证产品的实际使用效果，促使产品质量不断改进和提升。

二、生产现场的质量管理工作

现场质量管理是全面质量管理方法中的一种，是从原材料投入到产品形成整个生产现场所进行的质量管理，所以又称为"制造过程质量管理、生产过程质量管理"。因为生产现场是影响产品质量的 4M1E 主要因素的集中点，因此搞好现场质量管理可以确保生产现场生产出稳定和高质量的产品，让企业降低消耗、增加产量，提高经济效益。

现场质量管理视生产现场为对象，以质量行为的控制和管理及对生产现场影响产品质量的有关因素为核心，通过建立长期有效的管理点，制定出一套严格的现场监督、检验和评价制度以及现场反馈制度，从而形成强而有力的现场质量保证体系，使整个生产过程中的工序质量处于严格的控制状态，进而保证生产现场生产出高质量的优质品与合格品。

现场质量管理的工作重点就是 TQM 制造过程的质量管理内容。通过现场质量管理工作能够强化现场质量保证能力，增强现场质量意识，形成完善的质量保证体系。

三、现场质量管理对相关人员的要求

1. 操作人员

（1）学习、掌握现场质量管理的相关知识，了解现场与工序所用控制图、数据记录表或其他控制手段与方式。

（2）掌握所有操作工序管理点的质量要求。

（3）熟记操作、检验等规程，严格按操作规程（作业指导书）和检验规程（工序质量管理表）的相关规定进行操作与检验工作，真正做到以现场操作来保证质量。

（4）掌握本人操作工序管理点的支配性工序要素，对由其他部门或人员负责管理的支配性工序要素进行监督；对纳入操作规程的支配性工序要素认真贯彻执行。

（5）开展自检活动，认真落实和贯彻自检责任制和工序管理点管理制度。

（6）构建下一道工序是用户、用户第一的思想，对用户进行定期回访，采纳用户的意见与建议，让工序质量不断提升。

（7）填好数据记录表、控制图和操作记录，按规定时间抽样检验、记录数据并计算打点，保持图、表和记录的整洁、清楚和准确，不弄虚作假。

（8）在生产一线，若发现工序质量出现异常波动，就要立刻分析原因并采取相应措施。

2. 检验员

（1）应该将建立管理点的工序作为检验的重点，除了检验产品质量之外，还要监督、检验操作人员对于工序管理点的执行程度，对于违章操作的员工要立即劝阻，并做好相应记录。

（2）检验员在现场进行检验工作时，应该检查管理点的质量特性及该特性的支配性工序要素，如果发现问题要及时帮助操作人员进行分析，并找出解决的方法。

（3）熟悉所负责的检验现场的质量要求及检测试验方法，并且按照相关规定进行检验。

（4）熟悉现场质量管理所用的图、表的用法和作用，并且通过抽样检查核对操作人员的记录。

（5）根据操作人员的自检记录，计算其自检准确率，并且在每月月末公布或上报。

班组 ISO 质量关系体系

一、ISO9000 标准一般知识

ISO9000 标准，不仅是质量管理和质量体系认证的国际标准，还是第一

个管理方面的国际标准。自从 1987 年问世至今，在世界范围内的很多国家相继直接采用该标准。

（1）ISO9000 标准设计范围广，属于系统性标准，强调对各部门的职权进行明确的划分、计划和协调，从而让组织、活动等更有效地进行。

（2）制订明确的目标与方针，强调管理层的介入。通过定期的管理评审达到了解组织内部体系运作情况的目的，及时采取措施，确保质量体系始终处于良好的运作状态。

（3）强调纠正和预防措施，消除不合格或者产生不合格的潜在原因，防止不合格品的再次发生。

（4）强调不断的内部审核和外部审核及监督，进而对组织的管理与运作不断修正与改进。

（5）强调全员参与及培训，让每个人都能产生强烈的质量意识与"以客户为中心"的意识。

（6）强调企业文化管理及其作用，保证管理系统的正常运作。始终坚持并执行这一标准，企业就能够提高质量，减少消耗，建立客户对企业的信心，提高企业的市场竞争力。

二、2000 版 ISO9000 标准构成简介

1. 三个核心标准

（1）ISO9000：2000 质量管理体系——基础和术语。表述了质量管理体系应遵循的基本原则；共有术语 10 类 80 个词条。

（2）ISO9001：2000 质量管理体系——要求。将顾客满意程度视为目标，采用过程方法来评价（建立）组织满足顾客和法规要求的能力。

（3）ISO9004：2000 质量管理体系——业绩改进指南。提供质量改进的评价，业绩改进的指南。

2. 支持标准（1 个）、技术报告（6 个）及其他

支持标准：ISO10012 测量控制系统。其他报告等从略。

三、ISO9000 质量管理体系主要术语

（1）质量班组的固有特征是否满足要求。若满足，其满足程度是多少。

（2）顾客满意：顾客对于其要求满足程度的感受。

（3）质量管理：在质量方面指挥、控制、组织和协调的活动。

（4）提供方所提供产品或服务的组织和个人。

（5）过程班组将输入转化为输出的相互关联或相互作用的活动。

（6）合格：满足要求。

（7）不合格：没有满足要求。

（8）缺陷：没有满足与预期有关的要求。

（9）返工：为了让不合格的产品符合要求所采取的相应的措施。

（10）返修：为使不合格的产品满足预期用途所采取的措施，其不同于返工。

（11）让步：对放行不符合规定要求的产品的许可。

（12）文件信息或有意义的数据及其承载媒体。

（13）检验：通过观察和判断，适当结合测量、试验所进行的符合性评价。

（14）记录：说明所取得的结果或提供所完成活动的文件。

四、ISO9000 质量管理体系

ISO 有三种认证形式：

（1）第一方认证：公司按照 ISO9000 标准对自己的公司进行评审。

（2）第二方认证：顾客对供应商进行评审。

（3）第三方认证：由一个资深的国家标准或国际标准认证机构进行评审。

在进行认证工作时，最好采取第三方认证形式。认证所需时间为 3~24 个小时。认证涉及编制合适的文件，制订所需程序与方法，然后进行内部评审工作。具体按第三方认证的要求进行。

五、班组质量认证中的主要工作

1. 积极参与学习

班组长要积极参与到 ISO900 质量管理体系的学习过程中，并带动班组成员一同学习，深刻感悟学习的意义，在准备认证时，要反复培训、深入宣传、统一认识、统一行动。

2. 共同制订标准

班组长要和技术人员、管理干部、操作人员等一同参与制订文件，包括业务要求、培训计划、岗位职责、任务描述、作业指导书、程序文件、文件培训记录、质量记录清单、文件清单、检测仪器清单等。按照文件的要求执行。

3. 参照文件找差距

加强对员工的业务能力培训，努力让产品质量与作业过程符合文件的要求。

4. 认真落实"三按"、"三自"、"三分析"、"三不放过"

（1）三按：按样板、按标准、按工艺要求作业。

（2）三自：自我检验、自我挑出不合格品、自我做好标识，努力实现合格率100%。

（3）三分析：分析质量问题的危害性、分析质量问题的原因、分析应采取的措施。

（4）三不放过：问题原因不明不放过、问题不彻底解决不放过、责任人不受到教育不放过。

5. 找出问题点，提出改进方案

要善于发现问题、分析问题、解决问题，坚持不断改进。

6. 组织开展QC小组活动

组建QC活动小组，根据班组的具体情况提出问题，依照整体的力量解决问题。

7. 落实质量管理点活动

质量管理点是班组活动的工作重点，班组需要按照作业指导书、自检表等规定，配合和支持专职检验员的工作，保证产品符合相关要求。

8. 制订责任制，开展个人、班组评比活动

认真落实班组责任制，积极开展班组内和班组之间的质量评比活动，促进班组质量朝着好的方向发展。

9. 坚持做好纠正预防措施的实施工作

对于班组存在的质量问题，要及时采取措施以纠正，及早弄清原因，及时解决，并且在错误中不断总结经验，防止以后再犯类似的错误。

10. 坚持持续改进，不断改善质量管理工作

班组长要积极带动班组成员，以企业的质量方针与目标为中心，在取得证书之后进一步保证质量体系的运行，使其处于长期有效的状态中。平时也要多用心，确保企业产品和服务在市场竞争中处于不败之地。

第四节　推进质量管理 PDCA 循环管理体系

TPM 的基本方法——PDCA 循环

PDCA 循环法，又叫作"戴明环"，是美国质量管理专家戴明提出的。从总体上说，PDCA 循环主要包括以下几个方面的内容：

一、计划

1. 对现状进行分析并找出问题

班组长首先要明确进行这一项管理活动的目的是什么，是不是有必要实施，之后再分析该管理活动目前进行到哪一步骤。在这里要说明的是，对于以上内容的分析要尽可能采用简单具体的数字进行说明。最后，要思考在这样的状态下进行活动会出现什么样的问题，并把问题明确提出。

2. 根据现状，制定目标

依据对于现状的分析，设定实施该项管理活动的目标。在难以设定的情况下，可以考虑"增半法"或"减半法"，即当该项管理项目为增多正面作用的事项时，则将提高 50%作为目标；当该管理项目为负面作用时，则将降低 50%作为目标。

3. 确定推进方式

根据前面的分析工作，利用排列图与散布图找到其中的关键因素。为确保达成设定目标，班组长要明确推进管理的方法与步骤。为了让员工全面地理解，班组长在掌握现状时，还要找出典型的案例。

4. 制订切实可行的计划

制订计划要了解以下几个问题：

（1）为什么制订该措施（Why）？

（2）达到什么目标（What）？

（3）在何处执行（Where）？

（4）由谁负责完成（Who）？

（5）什么时间完成（When）？

（6）如何完成（How）？

如果此项管理活动还需要投资，那么还要预算投入费用，并评价该投资获得的收益。在进行效益评价时，要尽可能做到客观、公正。

二、执行

（1）将管理依照计划中的组织进行分担，或是按照制定的管理项目分组分担。

（2）改善提案要求全员参与。积极采用下属的观点、意见及改善措施等，如果改善意见的确可行，那么应该及早、及时地修正提案。

（3）改善提案提出后，经经验丰富的管理者讨论、认可之后即可实施。

三、检查

（1）检查是否依照计划日程实施，如果没有按时实施，需给出理由。

（2）检查是否可以在规定计划之内完成任务。在管理项目指标确认时要深刻分析什么地方出现了问题，什么地方做得较为突出。

（3）分析实施阶段中的失败事例，实施计划的各级管理人员在不超越自身权利范围的前提下查找失败的原因，并及时修正错误。

四、行动

（1）在执行活动基本宣告结束时，要进行总结、反省。

（2）回顾改善前的管理状况和实施的主要措施。

（3）比较管理活动结果与改善之前的结果，并将管理实施过程当中的优秀典型事例及活动方法一一列举出来。

（4）总结经验，制定或修改工作规程、检查规程。

（5）把未能解决的问题或者刚出现的问题带入下一个 PDCA 循环。

在最后的评价中，班组长既要找出存在的、有待改进的问题，同时也要对全体员工的努力加以肯定和鼓励，让其以饱满的热情投入到下一个 PDCA 循环中去。

怎样进行制程质量异常处理

班组长要对制程中所发现的质量异常的解决方法进行明确制定，让问题得到及时、有效的处理，并防止再次发生质量问题。

制程质量异常处理的几个关键点是：

（1）在制程中发现质量异常，要立刻采取相应措施并填写"异常处理单"通知质量管理单位。

（2）填写"异常处理单"的时候需要注意以下事项：

1）非量产者不可以填写。

2）同一异常已填单之后的 24 小时之内不可以再填写。

3）异常内容和临时解决方案要详细填写。

4）如本部门就是责任部门，应先确认。

（3）质量管理部门设立管理簿登记，并且判定责任部门，通知其妥善处理，质量管理部门不能给予明确判定结果时，则会同有关部门判定。

（4）责任部门确认之后要立即调查原因，并制订改善方案，经过厂长核准之后再实施。

（5）质量管理部门对于改善方案进行详细核查，并了解现况，如果依然有异常存在，则再请责任部门调查，重新拟定改善方案；如果已经改善要向厂长报告并列入档案。

怎样进行制程质量作业管理

为了确保质量的稳定，提高生产效率，降低成本，班组长需要积极进行制程质量作业管理。

在进行制程质量作业管理的过程中，需要注意以下几个关键点：

（1）操作人员确实按照操作标准进行，且在每一批的第一件加工完成后，必须经过专业人员的首件检验，等到检查结果公布确定合格之后，才可以进行下一步工作。各组组长应实施随机检查。

（2）检查人员确实按照检查标准进行检查，不合格品检修之后再经检查合格后才可以继续进行加工。

（3）质量管理部门派员巡回抽样检查，做好制程管理与分析，并将资料反馈给相关部门。

（4）发现质量异常要立刻进行处理，查明原因，并做好记录，防止类似事件的再度发生。

（5）检查仪器量规的管理与修正。

第六章 生产效率管理：提高班组效率，保证交期

第一节 做好产前计划，保证合理生产

编制班组生产作业计划的作用

作业生产计划，指的是企业具体的生产执行计划。它是根据企业的总体作业生产计划的要求，将生产计划中规定的原本属于本班组的计划，从空间上进行具体、合理的分配，以落实到生产班组甚至机台和个人，保证企业生产计划在规定的时间之内保质保量完成。

编制班组生产作业计划的作用是：

（1）保证生产进度与生产时间的一致性，让生产维持持续平稳的状态。

（2）加强企业计划管理十分重要的一个环节，是企业实现总体经营目标的最重要的保证。

（3）为企业的生产管理提供了可靠依据，有利于决策层对全局生产状况的把握和控制。

（4）细分到每个员工的具体计划，在实施生产作业计划的同时，也让员工个人对自己负责的工作的完成情况有所把握。

编制班组生产作业计划的原则

班组长在编制班组生产作业计划时，需要遵循以下原则：

一、要在车间计划的指导下统一编制班组计划

班组在编制生产作业计划时，需要在车间计划的指导下进行统一编制。当然，如果班组成员经过商议之后确认计划是可行的，可是从全局来看是不可行的，在这样的情况下，班组就必须服从车间安排；有时在班组看来是不可行的，但是为了保证车间生产任务的顺利执行，班组需要采用积极的措施，坚决执行。不然的话，就破坏了计划的统一、协调，失去了编制生产作业计划的意义。

二、要坚持统筹兼顾，保证计划的顺利实施

班组在编制生产作业计划时，一定要坚持平衡，利用班组现有条件，让班组人员与设备能力、技术水平等都能够得到充分发挥；挖掘生产潜力，消除不利因素，将计划指标定在平均水平之上。因为只有如此，才可以调动班组人员的工作积极性。反之，以薄弱环节的水平，规定落后的指标，让员工在不努力的情况下就能够完成指标，或规定过高的指标，让员工即便付出很大的努力依然无法完成生产任务，这些做法都不利于调动班组人员的积极性。为此，在编制班组生产作业计划时，一定要坚持统筹兼顾，保证计划的顺利实施。

同时，为了防止意外的发生，在编制生产作业计划的时候，应考虑班组以往积累的经验和教训，适当地留有余地，防止因突发意外打乱整个班组的生产计划。

三、要充分发扬民主精神，把制订的计划落到实处

班组在编制生产作业计划时，需要充分发扬民主精神，发动班组全体人员进行讨论，让班组内的每一个成员都能够对本厂、本车间、本班组的生产任务有所了解，明确自身的责任，以主人翁的姿态，一同制定保证完成生产任务的具体措施。只有如此，制订出的计划才能够落到实处。

四、树立起计划的严肃性和法制观念

班组在编制生产作业计划时，要认真严肃。一经车间审定，就要坚决执行，积极组织全体人员一同努力实现，不可敷衍搪塞。如果在规定时间之内无法完成任务，要查明原因，明确责任；如果有必要对计划做出调整，必须由车间批准。

计划生产型企业怎样编制生产计划

计划生产型企业的计划编制与生产产能负荷、生产计划日程等存在必然联系，它有助于生产计划的组织，保证交货期。因此，在编织生产型企业计划时需要做到详尽、明了，使人一目了然。

一、编制生产计划的步骤

1. 明确计划期间

按照期间划分，计划生产型企业的生产计划一般分为月份生产计划、季度生产计划、半年生产计划和年度生产计划。

2. 确定计划内容

制订期间范围之内的生产计划，就需要先确定产品的生产数量、类型以及生产地点等。

3. 进行产能、负荷分析

将要生产的负荷（工作量）与生产能力比较、分析加以调整取得平衡，这样才可以让生产计划更具实施性。

4. 订立日程计划

在一定期间的生产计划的基础上，制订详尽的日程计划。日程计划是实施计划，按照时间与步骤分别进行。制订日程计划时，要与现时的生产能力进行比较，调整工作负荷，确保计划的顺利实施。

二、生产计划量的计算和确定

1. 计算公式

生产计划量可按照以下公式进行计算：

生产计划量 = 该期间销售计划量 + 期末产品库存计划量 + 期初产品

库存量

其中，销售计划量是指销售部门依照市场需求所制定的生产量；期末产品库存量是指为防备下期需要而预先准备决定的量；期初产品库存量是指在该期间之前就已经存在的库存量。

2. 确定要点

按照以上公式计算的生产量，不仅适用于"期计划"，还适用于"月计划"。

三、对生产能力进行详细分析

1. 生产能力分析的主要事项

（1）需要生产哪些产品？生产进度如何？生产期限是多长时间？

（2）生产产品所需的材料是什么？各种材料需多少（按定额和合理损耗来推算）？怎样保证这些材料的及时供应？

（3）生产这些产品的技术如何？目前技术力量是不是可以满足需要？如果不能，如何解决？

（4）生产这些产品需要哪些设备？设备具体数量是多少？

（5）生产这些产品需要多少人力？现有人力够不够？如果不够，差多少？如何解决人力欠缺的问题？是重新组织，还是补充？

上述问题中，需要着重介绍的是技术、人力与设备负荷。

2. 技术能力分析

技术能力分析的主要内容如表 6-1 所示。

表 6-1　技术能力分析表

产品名称	工　序	各工序技术要求		公司现有技术力量		技术差距		解决方法
		人数	水平	人数	水平	人数	水平	
产品一								
产品二								

续表

产品名称	工　序	各工序技术要求		公司现有技术力量		技术差距		解决方法
		人数	水平	人数	水平	人数	水平	
产品三								
产品四								
产品五								
合　计								

3. 人力负荷分析

技术人员在上述"技术能力分析"中已经得到解决，这里仅对作业工人进行分析。

（1）计算人力需求。根据生产计划，针对各种产品的具体数量与作业时间，计算生产每种产品所需要的人力，再将所有的人力相加汇总。

（2）对现有人力与实际需要人力进行比较，并求出差额（见表6-2）。

表6-2　人力需求计算表

产品名 项　目	产品一	产品二	产品三	产品四	产品五	合　计
标准工时						
计划产量						
标准总工时						
每人每月工时						
人员宽裕度						
所需人数						

注：①标准总工时＝计划产量×标准工时。②每人每月工时＝每人每月工作天数×每人每天工作时数。③人员宽裕度表示必要的机动人数，以备缺员时可以调剂，一般可定为10%~15%。④所需人数＝标准总工时÷每人每月工时×（1＋人员宽裕度）。

（3）寻找解决人力不足的办法。一是向人力资源部申请补充人员；二是调整负荷，增长工作天数或加长工作时间。

（4）可设计并运用人力补充申请表（见表6-3）。

表 6-3　人力补充申请表

年　　月　　日

项目 部门	补充 人数	要　求						到位 时间	补充 理由	补充 岗位
		学历	资质	经验	身高	视力	其他			
合　计										

审核：　　　　　　　　复核：　　　　　　　　制表：

4. 设备负荷分析

（1）把所需设备进行适当的分类。根据生产计划，分析完成计划生产任务需要哪些设备，如冲压机、焊接机、注塑机、车床、电镀设备等。

（2）对各种设备所产生的产能负荷进行计算。其计算公式如下：

单台设备产能 = 作业时间 ÷ 单位产品标准时间

所有设备产能 = （总作业时间 + 总标准时间）× 设备台数 × 开机率

每日应生产数 = 每种机器设备的合计计划生产数 ÷ 计划生产日期

（3）对现有的设备负荷进行比较。依照上述方法计算出的产能负荷与现有设备产能负荷之间的差额，就是产能负荷不足。

（4）分析并解决设备负荷不足或剩余等问题。分析的具体情况如表6-4所示。

表 6-4　设备负荷不足或剩余问题分析

调整做法＼剩余情况	不　足	剩　余
增减设备	增加设备	减少设备
外部	部分外包	外包收回
使用工时	加班或轮班	减少加班或轮班
临时工	增加临时工	减少临时工
开机率	增加开机率	减少开机台数

四、计划并制订月份生产计划

（1）月份生产计划需要每月拟定一次，但并非仅局限于月计划，也可能是三四个月期间的计划。

（2）每月拟订计划需要解决下列问题：库存的调整，产品的变更，生产能力的变化，销售计划的修订。

（3）在拟定过程中需要注意：计划期间越短，其变更就越少，因而必须充分考虑什么时候开始实施计划，什么时候完成任务。

五、日程计划拟订

1. 日程计划拟订需注意的内容

（1）可靠的能力保证。

（2）计划变更的思考与贯彻。

（3）对紧急生产量及作业的对策。

（4）日程计划实施部门的工作计划。

（5）与相关部门的合作。

2. 日程计划方式

（1）负荷管理方式：这种管理方式是以各制程作为负荷中心，计算当前的订货量，需要加工作业的负荷量，依照各个中心进行累计，让负荷能力相对应，以求平衡。而制订日程计划的方法的重心就是对产能负荷进行相应的分析、调整与平衡。

（2）负荷管理方式的要领：①掌握目前手头的工作量什么时候能够结束，新的工作什么时候开始；②清楚新的工作大概需要花费多长时间；③两者加以合计，就可以计算出"可完成的日期"。

（3）基准日程计划方式：这是一种使用事先已确定的、从投入到产出所需日数的"基准日程"来进行计划的方式。基准日程的构成如表6-5所示。

基准日程的构成表是基准日程的真实体现，是把各制程按照顺序排列成表，具体拟订各制程作业从开始到完成的日程。为了在交货期内完成产品的生产，就需要利用基准日程表来解决什么时候筹备、什么时候生产等问题，也就是标准地决定缓急顺序，这样才不至于发生材料、零件的过剩、短缺现

表 6-5　基准日程的构成

时间角度	主体作业时间
	辅助作业时间
	宽裕时间（等待加工、待检、待搬运等停滞）
生产批量角度	同时加工批有多少
	移动批怎么样

象，才可以合理进行生产。

（4）基准日程计划方式的步骤：

第一步：与销售部进行协商，确定产品的最终交货期限。

第二步：以其最后交期为起点，按照一定的规则使用基准日程。

第三步：使用基准日程，从最后交期做机械性的倒推算法推算出"希望完成的日期"。

六、库存补充方式生产计划

1. 什么是库存补充方式生产计划

在部分企业中，一些产品的数量已经够多，需求量却不大，这时在控制产品库存不太大的范围内设定库存的基准，以此为杠杆，在库存减少时，即安排生产以补充，此方式称为库存补充生产。

2. 库存补充生产计划制订方法

（1）运用 ABC 分析法，把产品的种类按照数量多少进行分类。

（2）量小而品种多的产品，则设定库存基准，依基准决定须补充的数量。

（3）量大的品种，以销售计划为基础订立生产计划。

（4）库存量一旦低于基准值就要立刻进行生产。

3. 负荷与产能的调整

库存补充生产时，首先要考虑的是补充的量与生产能力的平衡状况，要充分运用库存补充量，对下述负荷产能进行适度调整：

（1）必须补充的量（负荷）小于生产能力时：

1）把已接近低于基准值的品种挑出，作为本次补充生产。

2）同销售部门协商，即使未低于基准值，只要品种适当，也作为本次补充生产。

（2）必须补充的量（负荷）大于生产能力时：

1）减少某些限定品种的补充量。

2）同销售部协商，把适当的品种转至下次补充生产。

3）把低于基准量的少数品种转至下次补充生产。

（3）适当增加必须补充生产的量。

订单生产型企业怎样编制生产计划

订单型生产对于交货的要求十分严格。这一类企业的生产主要取决于客户的要求，其中有很多的不确定因素，所以订单型生产计划的编制需要更加周密、严谨，才可以保证顺利交货。

一、订单型生产的主要特点

（1）订单型生产一切按照客户要求的品种、规格、交期、价格而定。

（2）通常订单型生产的客户对于交货的要求十分严格，而且每次所下订单与以前完全一样的产品不多，虽然不完全是新产品，但可能有新的设计，其大小、尺寸、形状或多或少会有所改变。

（3）由于订单型生产中每一次下的订单都会有所变化，所以主要原料的购买都是在接到订单之后才展开的，以致多数情况采购的前置时间较长。

（4）在订单型生产中，订单量或大或小，工作负荷变动大。在量大时会选择外包。

（5）尽管是订单型生产，其订单上产品的规格、种类等也会有所变化，但是就一个企业来说，其产品的功能基本上是一致的，不同规格、型号的产品之间总会有一些通用的零配件等。

二、与订单型生产相关的其他计划

1. 人员计划

生产现场作业人员的掌控需由生产现场主管负责，生产管理部只要按照编制计划的要求进行安排即可，不过要考虑到出勤率的问题。

2. 产品开发计划

产品开发的进度是日程计划安排的重要组成部分。

3. 途程计划

从途程计划中可以知道产能的负荷情况，让日程计划的安排更加符合实际。

4. 用料计划

按照生产需要确定用料，并且做好生产计划，以配合生产。

5. 负荷计划

做好生产负荷的计划，保证顺利生产。

6. 库存计划

库存计划可调整长短期订单及季节性产销变化，是生产计划中十分重要的一部分。

7. 出货计划

按照交期的优先顺序编制。

三、制订生产计划的基本要求

订单型生产企业视需求、能力等采用以下几种方法制订计划：

1. 3~6 个月生产计划

（1）计划内容主要包括各月份的生产数量、批量，各规格别的生产数量、批量，各机种别的生产数量、批量，各销售别的生产数量、批量等。

（2）在制订计划时，要注意：若是紧急订单，则需要规定其生产计划方式，每个月至少对计划进行一次修订。

2. 月生产计划

月生产计划经由 3~6 个月生产计划转换制订，如表 6-6 所示。

（1）计划内容主要包括当月各规格生产数量、当月各机种生产数量、当月生产日期、生产别部门/单位等。

（2）制订计划时的主要依据是 3~6 个月生产计划、订货记录、紧急订单、成品库存政策、当月各种产品生产数量及日期。

（3）在制订计划时，要注意连贯上月、本月、次月的生产计划，考虑人

表 6-6　生产月计划表

月

生产批次	指令单号	品名	数量	金额	制造部门	生产日程		工时	成本			
						起	止		料	工	费	合计

审核：　　　　　　　　复核：　　　　　　　　制表：

力、材料、机械等各项生产资源的配合。

3. 生产周计划

生产周计划经由月生产计划转换制订，如表 6-7 所示。

表 6-7　生产周计划表

日期：　　年　　月　　日

序号	生产批次	指令单号	品名	生产计划数	计划日程							备注
					一	二	三	四	五	六	日	

审核：　　　　　　　　复核：　　　　　　　　制表：

（1）周计划内容主要包括本周各规格生产批次、本周各机种生产数量、本周生产日程安排、生产部门、生产人员以及具体实施措施等。

（2）制订周生产计划要依据当月的生产计划、订货记录、紧急订单、各种产品生产数量及日期等。

（3）制订周生产计划要从实际情况出发定目标、定任务、定标准，还要分清轻重缓急，切忌眉毛胡子一把抓。

4. 日程计划与实施

（1）日程计划的主要内容包括生产时间、顺序、不同产品和批量的衔接等。

（2）日程计划拟订要点。

1）决定基准日程。按照不同的作业制程、不同的作业材料表示开工和完工时期的基准先后顺序。

2）决定生产预定。依基准日程、生产能力及出货计划的要求（日程、生产量）制订一份详尽的月生产计划。

3）研讨顺序排程与均衡生产的可行性。

4）安排日程：按照交货期的前后顺序安排；按照制程难易程度安排；按照客户优劣安排。

5）前期作业准备。对生产日程计划与作业准备进行详尽研讨，确保计划的顺利实施与完成。

怎样制定标准时间

高效率生产的时间研究最重要的一点就是进行标准时间的制定，让生产越发合理、科学。

一、什么是标准时间

标准时间，指的是适于从事某一项任务的熟练操作者，在特定的生产环境下，用特定的作业设备与方式，以持续工作且不感疲劳并在给予必要的放宽时间的情况下，完成规定工作任务所需要花费的时间。该定义包括以下条件：

1. 标准的作业条件

（1）在规定的环境条件下。

（2）使用规定的设备、工具、夹具。

（3）按照规定的操作方法。

（4）标准的作业能力。

（5）一般熟练程度的员工。

（6）适合此项工作要求。

2. 标准的作业速度

（1）以正常的身体、精神的努力度不勉强地工作。

（2）要给予一定的放宽量。

二、标准时间的应用范围

标准时间的应用范围十分广泛。就企业管理范围来说，其主要体现在以下几个方面：

1. 工作计划

其内容主要包括制订生产作业计划、计算所需员工人数、计算设备需要量、工序设计（工程设定）、确定一天的工作量、估算成本、确定销售价格。

2. 日常管理

其内容主要包括对生产状况的预算控制、研究和改进工作方法、成本管理、监督指导、对员工进行操作训练、提高设备利用率。

3. 进行评价

其内容主要包括评价生产设备和工艺装置的设计和选择、评价工作者的劳动效率、评价作业方法（进行比较、改进或选择）、评价整体劳动生产效率、制定工作标准。

三、制订标准时间的作用

1. 对作业方式进行比较和选择

对于不同的作业方式可以通过时间研究，选择最好的作业方式。

2. 工厂布局的主要依据

对产品、过程进行详细分析，对每项作业都制定出标准时间，也就是可测算每个作业（部门）的负荷，然后根据负荷计算所需要的标准时间，让生产更加顺畅。

3. 可对工厂负荷产量进行预估

因工作空间是一定的，过程上有了标准时间，就可以对工厂的产能进行测算。

4. 制订生产计划的基础

利用标准时间，生产管制部门能够精确地进行生产计划，如进度控制出现了问题，也可以按照标准时间对人力进行相应的调整。

5. 人员增减的主要依据

在对制造产品的计划产量、种类、工期、每日计划工作时间及标准时间有一定的了解之后，就可以计算出所需人力，有准备地进行调整和增补。

6. 保证流水线生产的平衡

一条流水线上包括很多工序，可以按照各个工序的标准时间进行人力配置，让生产线更加流畅、平衡。

7. 新添机器设备的主要依据

依据机器产能（换算标准时间）可得知生产量起伏时所需要的机器数量。

8. 效率分析的基础

在多长时间内完成多少产品，有了标准时间，就能够计算工作效率。

9. 绩效考评的基础

有标准时间，才能够计算出效率，通过计算每日的工作绩效，并反映在奖金上，以激发员工的工作热情。

10. 降低管理难度

可通过标准时间量化工作，并以此为基准进行业绩考核，让管理更加透明化，降低管理难度。

第二节　班组生产作业过程中的效率管理

培养多能工

如果一个作业人员可以进行多种设备操作或承担多个工程，那么这一人员即为多能工。相反，如果是只可进行单一设备作业或单一工程，这种作业人员即为单能工。

多能工训练是现场管理中不可缺少的一个重要课题。因为在实际工作中，人员的缺勤是在所难免的，可是一个员工缺席，顶替这个工位的员工因为不熟悉作业，或者是作业的速度达不到要求，必然会对整个生产线的效率造成影响。

多能工的培养可以缓和上述问题，尤其是对某些技能工位、检查工位，其作用更加明显。

一、多能工的培养重点

欲培养多能工，需要遵守以下七个方面的重点：

1. 不断简化作业过程

在生产过程中，需对要求特殊技能的作业提起高度注意，特别是切换、调整作业。这类作业工序需持续不断地简化改善，让其成为谁都可以胜任的工作。

2. 管理人员悉心指导

多能工的培养，与管理人员的悉心指导是分不开的。开始，作业者不能清楚地知道工程中的所有作业，所以生产一线的班组长在培养多能工时要多多费心。

3. 提高对标准作业的要求

即便是对什么都不了解的新员工，依照作业指导书指示的步骤和方法也可以作业。可是，任何人在作业的时候，都可以在作业场所附近得到自己所需的材料并不是一件容易的事情，这就对我们的标准作业工作提出了更高的要求。

4. 实行全员参与

多能工化若是在某一些程序进行，是很难取得成功的。所以，应该在工程领导的倡导下，全员推进参与。

5. 制订多功能化计划

培养多能工并非一朝一夕的事情，而是要脚踏实地地进行。所以，多能工化的计划特别重要。

6. 绝对安全

如果对自己所学的工程不是十分了解的话，在进行实际操作时就有一定的风险。所以，对一些安全性能要求高的工程，不能强推行多能工化。

7. 迅速改良设备

对使用不方便的设备要进行改良，才可以适合更多的人进行操作。

这时，设备管理部门与生产技术部门需要组建一支"设备改善快速反应部队"才可以适应改造之后的要求。当然，简单的改造可以让作业者工作得更好。

二、多能工化的推进

对于多能工化的推进，通常按照以下顺序进行：

（1）对多能工化推进对象进行编组。

（2）对各工程作业者现状水平进行评估。

（3）使用看板管理，为各个作业者设定目标。

（4）充分利用加班时间，做成多能工化日程表。

在多能工化的推进过程中，相关管理人员对最终的结果起着决定性的作用。在作业者学习新工程的作业时，班组长都要给予密切关注。这是因为作业者的作业结果会受到负责人的巨大影响。

三、多能式流水训练

在流水线训练时，作业者因为紧张，担心达不到作业要求会对下一道工序造成影响，所以没有办法十分轻松、自然地学习，这种方法称为多能工流水训练。

这种场合下，需按照以下方法进行：

1. 管理者亲自示范

每一个作业者都是一个模仿天才，所以，管理者最好边讲解边示范，让作业者知道怎样进行作业。

2. 对作业重点进行说明

对于工程作业的顺序、要点进行说明，一直到作业者掌握作业要领，至少让其明白节拍时间、作业顺序、标准用量、品质检查要求等。

3. 作业者上手操作

没有实际操作，就难以掌握真正的要领。此时，不妨让作业者亲自进行作业，若无法跟上生产节拍，班组长则需要在旁协助，一直到其掌握要领。

但是，时间充裕的个人作业毕竟与流水作业存在很大的不同。在作业者熟悉单个作业后，需要继续练习连贯作业，一直到其能跟上生产节拍，这才是流水训练的最终目标。

4.在生产现场召开总结性会议

流水训练结束之后，需要召开总结大会，再次对作业的重点进行确认，同时，有经验的员工还要传授一些要诀。

实施 IE 手法

IE 是英文 Industrial Engineering 的简称，意为工业工程。它是综合交叉性的边缘学科，是技术与管理相结合的工程学，其宗旨是降低生产成本、提高工作效率、提升产品质量、追求系统完整化。它不仅是一项精益生产系统的基础工程技术，还是一项科学、客观的管理技术。

可以说，企业若想要在生产现场实行 IE 手法，就要先对其有所了解。通常情况下，IE 手法包括以下几个方面的内容：

一、防差错法

防差错法所讲述的是怎样防止犯错，怎样才可以让工作一次性顺利完成。

二、流程法

流程法，是对完成工作的流程与手续的分析后，去除不必要的流程与手续而达到高生产、高效率的一种改善手法。

三、人机法

人机法又叫人机配合法，是一种通过仔细研究以人为主的工序，让操作者、操作对象、操作工具三者可以实现科学的结合、合理的布置和安排，从而减轻疲劳强度、缩短作业时间的作业方法。

在实行这种手法时，需遵守以下原则：

（1）平衡小组工作量。

（2）删除不必要的步骤。

（3）增加机器使用的比率。

（4）减轻负担最重的人员工作。

（5）合并各步骤。

（6）使每一步骤容易进行。

四、五五法

五五法，即 5×5W1H （5×5 何法）。5W 是指：Where 何处、When 何时、What 何者、Who 何人、Why 为何，1H 指 How 如何执行。五五法就是借着质问的技巧挖掘改善的技巧。企业不妨采用 5W1H 的方式进行质问。

改善的前提是发现问题，而发现问题则要抱着一种怀疑的心态。然而怀疑并不是笼统的抽象思维，而是系统的、具有方向性的思想。如果没有采用系统化的技巧，往往会疏漏一些需要改善的地方。5W1H 是一种找寻问题之根源及寻找系统化的质问技巧。依照 5W1H 的方式进行质问，那么生产过程中所需要的数据就能够从这些质问的答案中获得。

五、抽查法

借着抽样观察的方法可以让问题的真相迅速浮出水面。

抽查法的好处主要体现在：

（1）观察时间短，且可以清楚地知道操作设备或操作人员的状况。

（2）调查时间较长，其结果较为客观可靠。

（3）被观测对象的干扰次数较少，时间较短。

（4）节省人力、体力及物力。

（5）观测人员不需要具备较高的技术能力。

六、双手法

对人的双手在工作时的过程进行研究，借以发掘出可以改善的地方。在此改善的过程中，需要遵守以下规定：

（1）将步骤减至最低。

（2）结合可能的步骤。

（3）安排最好的顺序。

（4）避免用手持住。

（5）平衡双手的工作。

（6）使每一动作尽量简单。

（7）工作场所应考虑人体工学。

怎样防止"窝工"

"窝工"现象是企业生产效率低下的一种表现形式，这种情况一旦出现，不仅会对生产不利，还会造成资源浪费。防止"窝工"的方法是进行标准作业组合。

一、什么是标准作业组合

标准作业组合，指的是在循环时间内，确定作业顺序与作业分配的手段。它主要以图表的形式将人与机械的工作时间表示出来，让众人一目了然。

循环时间是指生产一个零件或产品所需要的时间。一般情况下，决定循环时间的量变有：一是一天必要的生产数量；二是一天的实际劳动时间。其具体的换算方式如下：

一个月必要的生产数量＝一天必要的生产数量÷一个月的实际劳动天数

循环时间＝一天的实际劳动数量÷一天必要的生产数量

二、标准作业组合的相关内容

标准作业组合将作业名称、作业顺序、时间、作业时间、循环时间在同一个图标中表示出来。

1. 作业名称

填上机械的编号和手工作业内容。

2. 作业顺序

用数字序号表示。

3. 作业时间

用线段表示，如虚线表示自动运送时间；实线表示手工作业时间；波浪线表示步行时间。

4. 循环时间

用上述计算公式求得。

三、编制标准作业组合的步骤

（1）按照上述公式计算循环时间，并在作业时间上用红线画出。

（2）事先确定作业人员可以操作工序的大致范围。

（3）按照"按零部件分类的能力表"的记录，正确计算所有工序的作业时间，并用和第一步用红线画的循环时间差不多的直线标出来。

（4）确定最初的作业，写上手工作业时间和由机械设备进行的自动运送的加工时间。

（5）确定第二步作业。必须注意：工序的顺序与作业顺序不一定相同；考虑两个或两个以上机械设备间的步行时间，如果存在步行时间，需要用波浪线画出；不能说由设备进行自动运送的虚线到达下一步手工作业阶段的实线就是适当的，所以有必要将它换到其他顺序上；考虑安全预防措施；考虑质量检验时间；重复第四和第五步，对全部作业时间加以确定；所有作业必须在下一轮作业循环的最初作业处终结。

现场班组长需要对完成的作业顺序进行实际实验，如果可以在规定的时间之内完成作业，才能够派工操作。

怎样预防和解决生产瓶颈

在同一条生产流水线上，每个生产环节的进度、生产能力与效率等都存在着很大的差异，这必然会让生产出现不平衡现象。正如"木桶短板原则"中，最短的一条是决定水位高度的关键，生产瓶颈限制了生产能力、生产进度和生产效率，进而对生产任务造成了影响，使其不能够按期交货。

一、生产瓶颈的主要表现形式

1. 工序方面的表现

如 A 工序日日夜夜赶工完成，而 B 工序则放假休工。

2. 均衡生产方面的表现

各个生产环节不配套。

3. 半成品方面的表现

如 A 工序的半成品堆积成山，而 B 工序则等货。

二、引发瓶颈的因素

1. 工艺因素

工艺设计或作业图纸无法跟上生产进度，影响作业。

2. 材料供应因素

个别工序或生产环节所需要的材料供不应求，就会导致生产停顿，从而形成瓶颈。

3. 人员因素

个别工序的人员特别是熟练工的人数不够。

4. 设备因素

设备配置不足，或设备的正常检修与非正常修理也会对工序的生产造成影响。

5. 时间因素

一些工序是需要等待一段时间才能够完成的，而这样的工序通常会出现瓶颈。

6. 品质

若个别工序在生产环节上出现质量问题，就会对生产效率造成影响，甚至会出现补件、返工等，进而导致生产进度放慢。

7. 突发性因素

因为偶然发生的异动事件造成瓶颈问题，如安全事故、材料延期、人员调动、因品质不良而停产整顿等。

三、生产瓶颈问题和解决方案

1. 生产进度瓶颈问题

（1）生产进度瓶颈的产生：生产进度瓶颈指在整个生产过程中，或者各个生产工序中，进度最慢的工序或时段。进度瓶颈主要分为以下两种：

1）生产先后工序瓶颈。如 A、B、C、D 四个工序为先后顺序，A、B、C 三个工序按时完成，而 D 工序滞后，就会导致先后顺序瓶颈的出现，也将会对整个工序的生产进度造成影响。

2）生产平行工序瓶颈。如果瓶颈工序和其他工序的生产进度的地位是平等的，那么瓶颈问题就会对产品配套产生影响。

（2）解决问题的具体步骤和方法：

1）寻找进度瓶颈所在位置或环节。

2）分析研究该瓶颈对于整体生产进度的影响。

3）确定瓶颈对进度的影响程度。

4）找出产生瓶颈的因素并做出具体分析。

5）确定解决的时间，明确责任人，解决研究的具体办法。

6）实行解决方案，并且进行生产进度跟踪。

7）改进后对整体生产线再进行评估。

2. 材料供应瓶颈问题

（1）材料供应瓶颈的影响：当材料供不应求时，就会导致瓶颈或是影响某一零部件的生产。

（2）解决方法：由于材料的供应工作存在时间性与周期性，所以及早发现就可以及早解决。其具体步骤如下：

1）找出造成瓶颈问题的材料。

2）分析研究其影响及程序。

3）对材料进行分类。

4）材料类型分析。

5）就该材料与供应商协商，并且努力寻求新的供应商，从而建立可靠的供应网络。

6）要求客户提供相关材料或进行替代品研究。

3. 技术人员瓶颈问题

（1）技术人员瓶颈产生原因：技术人员的短缺会拖延生产进度，特别是特殊人才或是重要的设备操作员、技术人员。所以，这一瓶颈也常常会成为影响生产进度的一大问题。

（2）解决方法：若生产空间允许，需对人员进行合理的配置，加强人员定编管理，保证各个工序能够顺利进行，防止瓶颈的出现。具体方法如下：

1）找到人员或技术力量不足的工序或部门。

2）对造成这一现象的原因进行分析。

3）对人员定编重新研究、确认。

4）确定人员的数量、结构组成。

5）对技术人员进行培训。

6）招聘人员补充人员缺失。

7）在平时，要积极进行技术人员的培训。

怎样推广应用高效率生产方式

高效率生产方式，指的是成本最低、品质最好、速度最快的一种追求综合效率最高的生产方式。

高效率生产方式是改善所有部门工作（作业）中的浪费、勉强、不均衡，彻底持续地追求最高效率的工作方法和教育方法的活动，包含建立最短时间的工作（作业）标准或体系的活动，即尽量缩短从接收订单到交到客户手中之间所用时间的工具。企业要想以最小的投入获得最大的产出，就必须学会在生产中推广和运用高效率生产方式。

一、高效率生产方式的特点

（1）一种不需大量投资就能提高生产率、产生最大效益的科学方法。

（2）制定工作标准的科学方法。

（3）企业管理的基本技术。

（4）一种解决问题的通用方法。

（5）一种双赢的工作方法。既能让员工省事，又能为企业增添效益。

二、高效率生产方式的方法

1. 站在现场的角度重新审视工作流程和方法

观察是否有各种浪费现象，工序之间的合作是否紧密，员工作业是否出现不平衡现象，产品质量的好坏的关键因素在哪等。找到了这些原因，就要尽量解决，排除"浪费、勉强、不均衡"的作业方法或流程，对作业进行一个全面、彻底、合理的改善。

2. 不能只是去学习各种现场管理的理论知识，而是要将理论结合实际

通过一次次的实践来发现现场生产中的问题及解决方法，对效率提高的重点进行深度调查和了解，只有真正通过实践活动才能体会到高效率的本质。

3. 高效率的生产方式不是一个人能够建立起来的，需要靠全部员工的共同努力

因此要不断对员工灌输高效率生产方式的优点，建立全员参与体系，营造人人自愿参加的一种氛围，建立"一个人担当一个工位，全员发现浪费、不均衡作业，自己进行改善"的生产体系，实现全员参与改善。

4. 注重和员工的交流，重视员工的意见

作为班组长必须多和员工交流，了解他们内心最真实的想法，对于他们提出的问题都要解决。重视员工的心理感受，告诉他们这种高效率生产方式并不是压迫性地提高速度，而是为了除去不必要的动作浪费，是使作业者能够舒适而又快速作业或工作的方式方法。这会让员工觉得企业是在为他们着想，从而更积极地去配合高效率生产方式。有利于企业和员工取得双赢，达到最佳状态。

怎样改善生产效率

要实现高效率生产，提高工作效率，首先就应该对效率进行计算，再不断地加以改善，使之更加趋于合理。在工厂内一般要计算设定生产效率和实际作业效率两种效率。设定生产效率体现了管理人员设定水平的高低，实际生产效率体现了作业者真正的作业能力。

一、设定效率的计算

设定效率 = [标准工时（st）÷生产效率] × 100%

二、实际作业效率的计算

实际作业效率通常需要将一个岗位连续测定 5 次，并将 5 次的平均值代替 st 进行计算。

实际作业效率 = 实际作业时间 ÷ 生产频率 × 100%

三、效率改善的方向

此改善绝不是指过分提高速度增加作业者的劳动强度来达到效率的提高，而是通过制造一个能稳定轻松作业的程序和环境，从而实现品质的稳定化和生产的高效化。

四、改善的步骤

改善生产效率的步骤如表 6-8 所示。

表 6-8 改善生产效率的步骤

阶段＼方法	改善的步骤	思考方法	QC 方法
1	发现改善要点	明确目标	选定理由
2	分析现在的方法	抓住事实	现状把握
3	得到构思	考虑事实	要因分析
4	拟定改善方案	立案	检讨、立案
5	实施改善方案	实施	实施
6	确认实施效果	确认	确认

五、效率改善的方法

效率改善中最常用的就是 5W1H、ERCS（取消、重排、合并、简化）技巧以及检查表，习惯称为"5 问 4 技巧加 1 表"。

六、提问技术

从目的、地点、时间、人员、方法 5 个方面提出问题，又称"5 问技术"。每个方面还可继续细分为几个问题，尽可能考虑到各个方面。提问的方法如下：

1. 目的：使工作的目的进一步明确

（1）为什么做？

（2）其他还可以做什么？

（3）应当做些什么？

2. 地点：选择合适的工作场所（部门）

（1）为什么在那里做？

（2）还可以在哪里做？

（3）应当在哪里做？

3. 时间：选定最恰当的时机

（1）为什么在这时做？

（2）还可能在什么时间做？

（3）应当在什么时间做？

4. 人员：确定最理想的作业者

（1）为什么由他来做？

（2）其他什么人还可以做？

（3）应当由谁来做？

5. 方法：确定最好的工作方法

（1）为什么这样做？

（2）还有别的什么方法？

（3）应当如何做？

按照这样的顺序提问和思考有助于防止遗漏。不要小看这种方法，提出了问题便等于找到了答案的一半。上述五个方面的提问一旦有了答案，问题就又解决了一半。

七、工作改进四种技巧

在运用上面的提问技术对概要程序图进行分析的同时，还可以从取消、合并、重排、简化四个方面考虑改进措施，这种方法可简称为工作改进 4 种技巧。

1. 取消：对任何工作都要首先确认其必要性，不必要的应予以取消

（1）取消所有可以取消的工作、步骤或动作。

（2）减少工作中的不规则性，如确定工作、工具的固定存放地点，形成习惯性动作。

（3）尽量降低手的使用频度，如抓、握、推、搬运设备。

（4）取消笨拙或不自然、不流畅的动作。

（5）尽量减少员工肌肉力量的过度使用。

（6）减少对慢性动作的迁就，杜绝一切危险动作。

（7）除必要的休息外，杜绝一切怠工和闲置时间。

2. 合并：将工作中的作业流程、作业动作、工具等尽量合并

（1）将两个或多个作业结合为一个作业或连续作业。

（2）把突然改变方向的各种小动作，串成一个连续的曲线动作。

（3）合并各种工具，使其成为万能工具。

（4）合并可以同时进行的作业。

3. 重排：对工作顺序进行重新排列

（1）使两只手的工作负荷均衡，而且同时对称进行。

（2）使工作由手向眼进行。

4. 简化：指工作内容、步骤方面的简化或动作方面的简化，包括能量的节省

（1）在能够完成工作的基础上使用最小的肌肉群，并注意有节奏地使用。

（2）减少目光搜索范围与变焦次数。

（3）使工作能在正常区域内完成而不必移动身体，减小动作幅度。

（4）使手柄、拉杆、踏板、按钮等控制器适合人体结构和运动机能。

（5）在需要高强度肌肉力量时，借助惯性来获得能量帮助。

（6）降低动作的复杂程度，尤其是在一个位置上的多个动作。

通过上述 4 种技巧的灵活运用（包括与提问技术结合使用），可以使整个工作系统结构更加合理，省工、省时、省力。

八、工作改进分析检查表

这种检查表是事先设计好的，但不是一成不变的，要根据开展经验和工作实际不断加以充实和修改，可包括以下内容。

1. 基本原则

（1）尽可能减少不必要的步骤。

（2）合并步骤。

（3）缩短步骤。

（4）安排最佳的顺序。

（5）尽可能使各步骤更经济合理。

2. 考虑下列因素可否省略、合并、缩短、简化

（1）不必要的操作。

（2）改变工作顺序。

（3）改良设备和利用新设备。

（4）改变工场布局或重新编排设备。

（5）改变产品设计。

3. 有无计数或检验的工作能被省略、合并、缩短和简化

（1）真的需要它们吗？

（2）有无不必要的重复现象？

（3）这些工作由别人来做是否更好？

（4）在工艺流程中它们是否处于最佳位置？

（5）能否运用抽样检验和数理统计控制？

4. 使工艺过程更安全

（1）改变工作顺序。

（2）改良设备或使用新设备。

（3）改变工场布局等。

"5 问 4 技巧加 1 表"分析技术运用熟练以后要结合起来综合运用。在实际工作中可先用提问技术、再用 4 种技巧，最后再用改进检查表，通过实践积累经验，以达到灵活运用。

第三节 生产进度和交货期的控制和管理

如何进行生产进度控制

生产进度控制，指的是对某一种产品生产的程序、过程等进行的检查与安排，其目的在于提高生产效率，降低生产成本，在规定的时间之内生产出优质的产品。生产进度控制要求从原材料投入生产到成品出产、入库的全部过程都要进行控制，包括数量与时间的控制等。

生产进度控制并非班组成员协作完成，而是多个不同类型班组协同工作的生产动态控制活动，通常由生产副厂长领衔，班组长上一级主管实施与控

制，班组长积极配合。

一、生产进度的动态控制

生产进度的动态控制是从生产的进度、时间方面或者按照生产时间顺序进行观察、核算和分析比较，用以控制生产进度变化的一种方法，通常包括投入进度控制、出产进度控制和工序进度控制等。在制造企业，虽然不同的生产组织与不同的生产类型采用的控制方式不同，但是控制的根据主要是生产作业核算、作业统计、作业凭证和作业分析等信息资料。

1. 投入进度控制

投入进度控制，是指对产品投入的品种、数量、日期等进行控制，以符合计划的要求。它还包括检查零部件、各个生产环节、毛坯、各种原材料是不是按照前期的标准投入，设备、人力、技术措施等项目的投入生产是不是按照预期的标准。投入进度控制是预防性的控制。投入不及时或中断必然会导致生产中断、赶工突击，影响成品的出货时间；投入过多，又会造成成品积压、等待加工，浪费材料，提升成本。因为企业的生产类型不同，投入进度控制的方法也不尽相同，其主要分为以下几种：

（1）大批量生产投入进度控制方法。可以按照投料单、投料进度表、投产指令、投产日报表等进行控制。

（2）成批和单件生产投入进度控制方法。相对大批量生产投入进度控制来说，该方法工序更加复杂。成批和单件生产的投入进度控制一方面要控制投入提前期，利用投产计划表、配套计划表、加工线路单、工作命令及任务分配单来控制投入任务；另一方面要控制投入的品种、批量和成套性。用任务分配单对任务进行分配，是在单价成批生产的条件之下控制投入的一种方式。

2. 出产进度控制

出产进度控制，指的是对于零部件或产品的出产日期、出产提前期、出产量、出产均衡性和成套性的控制。出产进度控制，是保证按时按量完成任务，保证生产过程各零部件出产成套和均衡生产以及各个环节之间的紧密衔接的有效手段。

出产进度的控制方法，一般是将计划出产进度与实际出产进度列在一张表上进行控制，不同生产类型的控制方法也不同。

（1）大量生产的出产进度控制方法。主要用于生产日报（班组的生产记录、班组和车间的生产统计日报等）和生产进度计划表作比较，以控制每天的生产进度、累计生产进度和一定时间之内的生产均衡程度。在大量生产条件下，投入与生产的控制是分不开的，计划与实际、投入与生产都反映在同一张投入出产日历进度表上，它不仅是计划表，还是企业核算表与投入出产进度控制表。对生产均衡程度的控制，主要利用节拍、月均衡率和旬均衡率。

（2）成批生产出产的进度控制方法。主要根据零件成批标准生产计划、出产提前期、零部件日历进度表、零部件成套进度表和成批出产日历装配进度表等来进行控制。

对零部件成批出产日期与生产提前期的控制，可以直接参考月度生产作业计划进度表。只要在月度作业计划的"实际"栏中每天填写工作进度，实际产量与计划产量、计划进度等就一目了然了。

在成批生产的情况下，对于零部件出产成套性的控制，可以直接利用月度生产作业计划，不仅要对零部件的出产日期和出产提前期进行适当控制，还要对零部件的成套性进行相应控制，如此才可保证按期投入装配。通常采用编制零部件成套进度表来控制零部件的成套性。对成品装配出产进度的控制，可以参考成批出产日历装配进度表进行控制。

（3）单件小批生产出产进度控制方法。主要是根据各项订货合同规定的交货期进行控制，一般是直接利用作业计划表，只需在计划进度线下用不同颜色画上进度线就可以了。

3. 工序进度控制

工序进度控制，是指在生产时对零部件或产品所经过的每一道工序都要进行控制。在大批量流水线生产条件下，车间、班组因为生产的连续性强，生产工艺、品种、工序都要相对固定，不需要按照工序进行控制，只控制在制品的数量就可以了。在成批或单件生产条件下，由于品种多、工序并不固定，零部件与产品的加工进度所需使用的设备也经常发生矛盾与冲突，即便之前的生产作业已安排妥当，能按时投产，但投产之后在生产实施过程中的干扰因素一出现，此前的计划就会全部被打乱。因此，对成批或单件生产只控制投入进度和出产进度是不够的，还需要加强工序进度控制。一般情况下，工序进度控制常用方法如下：

（1）按加工路线单工序顺序进行控制。一般情况下，在车间、班组将加工路线单登记之后，就会按照加工路线单的步骤与程序及时派工，若是某一程序加工迟缓，需要立刻查明，并采取相应的措施，保证按时、按进度加工。

（2）按工序票进行控制。按零部件加工顺序的每一道工序开一工序票交由作业人员统一加工，完成之后把工序票交回，再派工的时候需要再开一工序票通知加工，以此进行控制。

（3）跨车间工序进度控制。对于跨车间加工零部件的情况，需要加强跨车间工序的进度控制。控制的方式主要是明确协作车间的分工和交付时间，由零部件加工主要车间负责到底，把加工路线单通知他们。主要车间要建立健全零件台账，并及时记账，按照加工顺序进行派工生产；协作车间需要认真填写"协作单"，并且把协作单号和加工工序与送出时间逐一标注在加工路线单上，等到外协加工完成后，"协作单"连同零件送回时，主要车间要在"协作单"上签收，双方各留一联作为记账的原始凭证。

二、生产进度的静态控制

生产进度的静态控制指的是从某一时点（日）各生产环节所结存的制品、半成品的品种和数量的变化情况来控制生产进度。这是从数量方面（横向）控制进度的一种方式。

控制范围包括在制品占用量的实物和信息（包括凭证、账目等）形成的全过程。具体范围有：

（1）原材料投入生产的实物与账目控制。

（2）在制品加工、检验、运送和储存的实物与账目控制。

（3）在制品流转交接的实物与账目控制。

（4）在制品出产期和投入期的控制。

（5）产成品验收入库的控制等。

生产进度静态控制的方法主要由两方面决定：一是生产类型；二是生产组织形式。

1. 大批量生产时

在制品在各工序之间流转，是按照一定的路线和规定进行转移的，正因如此，各工序才形成了固定衔接，而在制品的数量也比较稳定。在这样的条件下，对在制品占用量的控制，一般采用轮班任务报告单，结合生产原始凭证或台账来进行，即以各工作地每一轮班在制品的实际占用量，和规定定额相较，让在制品的流转和储备量保持在正常占有水平。

2. 成批和单件生产时

产品品种和批量经常轮换，生产较为复杂。在这种情况下，一般可采用工票或加工路线单来控制在制品的流转，并通过在制品台账来掌握在制品占用量的变化情况，检查与原定控制标准（定额）是否相符，如果发现偏差，要立刻采取措施，让它控制在允许的范围内。

3. 控制在制品占用量的组织工作

（1）建立和健全车间在制品的收发领用制度和考核制度，并且让其与岗位责任制、经济责任制紧密结合。

（2）推广应用数字显示装置和工位器具，管理好台账，以核对工作。

（3）处理好在制品的返修、报废、代用、补发和回用。

（4）定时定期进行在制品的清点、盘存工作，一旦发现问题要及时解决。

（5）合理组织在制品的保管和运输，避免因损坏、变质、丢失、磕碰损伤等原因造成损失。

（6）加强检查站（点）对于在制品流转的控制，仔细查点数量、核对项目、检验质量及填报检查员值班报告单。

如何处理计划延误

一、查出并公布延误

在班组每天的生产工作结束后，班组长要针对当天的工作情况进行总结，从而了解延误情况。如生产数量未在规定计划内完成，比规定计划延误了多少，或者还存在其他延误。作为班组长，需要将这些延误一一记录下来。

延误较为严重（影响交货期、品质等）的一定要向上级报告，并求得具体指示或解决方法，同时也一定要在次日的早会上通报，告知每一个员工昨天出现的延误情况，引起大家的注意，并且提出改善方法。如此，员工就能够认识到事情的严重性，工作时也会小心谨慎，并且有意识地改善。

二、分析延误的原因

对生产计划延误的原因，生产现场的管理者、班组长是能够分析出来的。因为这些就发生在自己工作的收尾阶段，只要在工作的时候稍微注意就能够知道发生的原因，如停电、工具故障修理、新员工作业等。

倘若真的不知道原因，也不能马虎了事，需要立即向上级报告，并且开会讨论，也可告知员工"因如今尚不知是什么原因所致，希望大家可以在几个地方稍加注意，如果大家有好的方案也可以说出来"。这样一来，一些不明原因的延误就可以在员工中间得到解决。

三、延误改善方法效果确认

在很多时候，班组长只是一味地急着查明原因，采取解决措施，却忽视了对实施效果好坏的总结。其实，应总结出哪些方法的实施效果好，哪些方法的实施效果坏；对于正确的、好的方法要记入基准书、作业指导书或注意事项等相关文件中去。只有如此，才可以让改善的结果延续下去，再出现此类问题时才不会重蹈覆辙。

四、补救计划

有了改善方法以及对策方案后，要整理制作成补救计划。所谓补救计划，就是说在工作时间之内完成的补救生产的计划，而不是那种累计起来集中到某一休息日（星期天）进行加班作业来达到补救生产的计划。

怎样安排紧急生产任务

一、紧急生产任务的特点

紧急生产任务和常规生产任务具有以下不同：

（1）出货时间并未明确规定，但是越快越好。

（2）出货期限紧迫，超过正常作业允许时间。

（3）运输途径改变，如果可以的话，将陆运变成空运。

二、紧急生产任务产生的影响

紧急生产任务反映出组织整体的应变能力，是一个十分具有挑战性的问题。通常情况下，紧急生产任务产生的影响如下：

（1）生产任务十分突然，各种生产准备并不一定就绪，如缺人员、工具、夹具等。

（2）出货紧急，没有太多时间处理问题。

（3）生产、检验、试验和实验的步骤要加快。

（4）或许成品并没有时间储存。

三、安排紧急生产任务的方法

在遇到紧急生产任务的时候，班组需要配合上级领导全力安排完成，不可以推脱。一般常用的安排方法如下：

（1）与手头上不那么紧急的产品调节或调换生产。

（2）识别具体的紧急程度（顾及客户指数），区别对待。

（3）急事急办，派专人迅速准备"4M1E"事项。

（4）指派得力的员工直接跟踪实施过程。

（5）实行简易式（或休克式）方式转产，冻结或清理原有生产过程。

（6）加班完成。

（7）预计需要的完成时间，等到实际完成之后立刻向上级汇报。

如何处理交货期延误

一、交货期延误的一般原因

（1）接单管理不良，紧急接单多。

（2）产品技术性变更频繁。

（3）物料设计不良。

（4）制程品质控制不良。

（5）设备维护保养欠缺。

（6）排程不佳。

（7）能力、负荷失调。

二、交货期延误的改善对策

交货期延误的改善对策如表6-9所示。

表6-9 各部门应对交货延期的改善对策表

部 门	改善对策
销售部	1. 用全局性、综合性的观点指导工作 2. 改善销售职能运作方式 （1）定期召开销售协调会议 （2）培训销售部人员的能力 （3）编制需求预测表 （4）明确记录客户的订单更改要求
设计部	1. 编制设计工作的进度管理表 2. 当内部的能力不足时，寻求外界帮助 3. 当无法按时提供合适的设计图纸，可预先编订初期制程需要的图纸 4. 尽量避免在生产中期对图纸进行更换和修改 5. 推进设计的标准化，提高设计的工作效率 6. 设计分工明确、职责清晰
采购部	1. 采用 ABC 分析，实行重点管理 2. 调查供应商、外协商不良品发生状况 3. 对重点管理对象，采取具体有效的措施加以改善
生产部	1. 合理进行作业配置 2. 缩短生产周期 3. 制定作业标准书，实现作业规范化，提高作业效率 4. 加强培训和教育，提高员工积极性

第七章 目视与看板管理：打造一目了然的现场

第一节 目视管理概述

目视管理的优点

目视管理的优点主要体现在以下几个方面：

一、形象直观

班组长在班组内组织指挥生产，实际上是在发布各种信息。操作人员有序进行生产工作，就是接收信息之后采取行动的过程。在机器生产的条件下，生产系统快速运转，要求信息的传递与处理的准确性与快捷性。如果与每个操作工人有关的信息都是通过班组长直接传达的，如此就不难想象，拥有成百上千工人的生产现场需要多少班组长。

目视管理为解决这一问题找到了捷径。操作工人接受信息最常用的感觉器官是眼、耳和神经末梢，其中以视觉的运用最为普遍。

能够发出视觉信号的手段主要有电视、信号灯、仪器、图表、标识牌等。其特征直观、形象，容易认读与识别。在有条件的岗位，充分利用视觉信号显示手段，可以迅速而准确地传递信息，不需要班组长等管理人员到场就能够起到组织现场的作用。

二、透明度高

实行目视管理，对生产作业的各种要求能够做到公正、公开。干什么、怎样干、干多少、什么时间干、在何处干等问题一目了然。如此有助于人们的相互监督、合作协作，不利于违反劳动纪律现象的隐藏。

三、可实现预防管理

预防管理是未来管理方式的发展方向，为了让预防管理可以在生产现场得到彻底实现，必须彻底实施生产现场的目视管理，用眼睛立刻发现异常，并且迅速找到解决方法。即使平时不太了解生产现场情况的总经理、经理等，只要走进现场，就能够清楚地看到场地内的标识，对生产现场的大体情况有所了解。

现场作业员只要稍稍看一下物品标识，就可以清楚地知道物流动态。所以，每一位作业人员都对当前的工作量一目了然，甚至采取适当的行动调整目前的工作量，实现预防管理。

也就是说，如果作业员没有按照规定放置物品，通过目视管理的实施，班组长立刻就能够发现，并当即对作业人员加以指正。

四、操作内容便于遵守、执行

为了物流顺畅以及促进人员、物品的安全，要在地面画上区域线，如物品放置区的"白线"、消防器材或配电盘前面物品禁放区的"红线"、安全走道的"黄线"。这些标准不论谁都要遵守，不管是监督者还是管理者，都要按照物品位置的实况，判断是不是正常。如果存在异常，要立刻发现并且及时纠正。如此一来，物品不但可以有序放置，还可以确保物品和人员的安全。

除此之外，目视管理使要做的理由（Why）、工作内容（What）、担当者（Who）、工作场所（Where）、时间限制（When）、程度把握（How Much）、具体方法（How）5W2H内容一目了然，不仅为大家提供了一个公平竞争、通力协作的平台，还可帮助大家统一认识，提升士气。

实施目视管理的方式与手段

一、实施目视管理的方式

1. 强化默契实施工厂管理需要先从基础做起

待基础稳定之后，领导者才可出示明确的方针，并在全体成员理解并认可的基础之上，集结全员的力量，建立全员参与机制。

2. 5S 活动推动

实施 5S 活动，需要明确责任分担，并按照规定具体有效地实施。

3. 流程、流向改善

目视管理体制十分重要，所以需要拓宽视野，井然有序地依照流程与流向进行改善。

4. 放置场所规划

应该在减少管理的基础之上明确物品放置的场所，尽可能地减少库存，建立起一体化的生产体系。

5. 突发状况掌握

对突发状况的定义和判断基准，需要进一步明确，管理方式要具体表现，让人清楚、明白，同时根据不同功能与要素明确化，并且在对突发状况处理方法规则化和手册化的同时，努力培养人才。

6. 建立适宜的管理体制

各现场就实绩图表和作业管理看板等建立适宜的管理体制。

二、目视管理实施手段

常见的目视管理手段有标志线、标志牌、显示装置、信号灯、指示书及色彩标志等。目视管理的实现办法和作用如表 7-1 所示。

表 7-1　目视管理的实现办法和作用

实　例	实现的方法	产生的作用
区域划分	1. 用油漆在地面上刷出线条 2. 用彩色胶带贴于地面上形成线条	1. 划分通道和工作场地 2. 对工作区域画线，确定区域功能 3. 防止物品随意移动或搬动后不能归位

实 例	实现的方法	产生的作用
物品的形迹管理	1. 在物品放置处画上该物品的现状 2. 必要时进行台账管理 3. 标出物品名称 4. 标出使用者或借出者	1. 防止需要某工具时找不到的现象 2. 明示物品放置的位置和数量 3. 物品拿走之后的状况要一目了然
安全库存量与最大库存量	1. 明示应该放置何种物品 2. 明示物品数量不足时如何应对 3. 明示最大库存量与安全库存量	1. 防止过量采购 2. 防止因断货对生产造成影响
仪表正常、异常标识	在仪表指针的正常范围上显示为绿色、异常范围上显示为红色	使工作人员对于仪表的指针是不是正常清晰、明了
5S 实施情况确认表	1. 设置现场 5S 责任区 2. 设计表格内容包括责任人姓名、5S 实施内容、实施方法、达到的要求、实施周期、实施情况记录	1. 明确职责，明示该区域的 5S 责任人 2. 明确要求，明示日常实施内容和要求 3. 监督日常 5S 工作的实施情况

实施目视管理的原则

实施目视管理时需要遵守以下原则：

一、尽量做到规章制度与工作标准的公开化

（1）只要是与现场的工作人员有密切关系的规章制度、标准、定额等，都需要公布于众。

（2）与岗位人员存在直接联系的，需要分别展示在岗位上，如操作程序图、岗位责任制、工艺卡片等，并保持正确、完整和洁净。

二、生产作业手段更直观、使用更方便

为了让生产作业控制更顺利地实施，让每道工序与每个生产环节都可以严格按照标准进行生产作业，杜绝过量生产、过量储备，应采用与现场情况相适应的、简便实用的信息传导信号，以便在后工序发生故障或因其他原因停止生产，不需要前工序供应在制品时，前工序序操作人员看到信号后能及时停止生产。"看板"能够很好地起到提示生产的作用。

各生产环节及工种之间的联络，也要设立方便实用的信息传导信号，以减少工时的损耗，提高生产效率。例如，可在流水线上配置工位故障显示屏，在机器设备上安装红灯，如果发生停机故障，就要立刻发出信号，巡回检修人员见到信号后就会立即赶来调修。

三、必须有准确而完善的信息显示

在定置管理中，为了让物品的存放井然有序，必须有准确而完善的信息显示，包括标志线、标志牌和标志色。

因此，目视管理在这里和定置管理融为一体，依照定置管理的要求，采取标准化的、清晰的信息显示符号，使各种区域、通道及各种辅助工具（如工具箱、工位器具、生活柜、料架等）都涂上不同的颜色。

四、要将生产任务和完成情况以图表的形式展现

现场是全员协作劳动的场所，所以，只要是需要团结协作完成的任务一定要让大家知道。

（1）计划指标要定时定期进行层层剖析，贯彻落实到每个车间、班组和个人，并列表张贴在墙上。

（2）实际的完成情况也要定期告知大家，或采用作图法，使大家看出各项计划指标完成中出现的问题和发展的趋势，以促使集体或个人保质、保量、按时完成任务。

五、物品码放和运送数量要标准化

物品码放和运送实行标准化，能够充分发挥目视管理的长处。如各种物品实行"五五码放"，各类工位器具，都应该按照标准数量存放，这样，不管是操作、搬运，还是点检、互检等都较为方便和准确。

六、色彩的管理要实行标准化

色彩是现场管理中最普遍的一种视觉信号，目视管理要求巧妙、合理地运用色彩，并实现统一的标准化管理，不准随便涂抹。

1. 技术因素

不同色彩具有不同的物理指标，如反射系数、波长等。强光照射的设备，多涂成蓝灰色，是因为其反射系数适度，不会对眼睛造成伤害。而危险信号多用红色，这不仅因其是传统的颜色，还因其具有强烈的色彩反射，信号鲜明。

2. 心理因素

不同色彩给人的空间感、冷暖感、重量感、清洁感、软硬感等情感效应也不同。如高温车间的涂色则应以浅蓝、蓝绿、白色等冷色为基调，令人感到清爽舒心；低温车间采用红、橙、黄等暖色，给人温暖舒适的感觉；热处理设备多用属冷色的铅灰色，可以起到降低心理温度的作用。

3. 社会因素

不同国家、地区和民族的色彩偏好不同。如中国人喜欢绿色，因为它代表着青春、活力；而日本人则认为绿色是不祥的颜色。

4. 生理因素

长时间受一种色彩的刺激，定会产生疲劳感，因此，就要讲究员工休息室的色彩。如纺织厂员工休息室宜用暖色、冶炼厂员工休息室宜用冷色，如此有助于缓解员工的疲劳感。

总之，色彩包含着丰富的内涵，现场中只要是需要用到色彩的，都要有标准化的要求。企业要确定几种标准色彩，让全体员工都了解。

七、现场人员在着装上要趋于统一

现场人员的着装不仅是劳动保护的一种体现，还是正规化、标准化的内容之一。它能够充分体现员工的素质，显示企业内部不同单位、工种和职务之间的区别，同时还有一定的心理作用，让人产生一种荣誉感与自豪感等。

目视管理的常用工具

生产现场目视管理的工具有看板、红牌、信号灯、错误防止板、操作流程图、警示线、错误演示板、管理板等。目视管理的常用工具及作用如表7-2所示。

表7-2 目视管理的常用工具及作用

工 具	作 用
看板	看板是为让别人看到就知道什么物品在什么地方，现有数量多少
红牌	红牌是将现场作业不需要的东西进行处理，让所有人一目了然

续表

工　具		作　用
信号灯	异常信号灯	设置异常信号灯是为了让管理监督者随时了解生产过程中的异常工具，一般设置红、黄两种信号灯，由员工进行监控
	运转指示灯	显示设备运转情况，显示机器设备的开动、转动、转换、停止状态，停止时显示停止原因
	大型数量表示盘	设置大型数量管理盘的目的是让管理者在座位上就可以看到生产数量的变化
错误防止板		自行注意并消除错误的自主管理板，一般以纵轴表示时间，横轴表示单位。以1小时为单位，一天用8个时段区分。每一个时间段记录正常、不良及次品情况，让作业者自己记录
管理板		通常管理板本身是一块木板、塑胶板或压力板所构成的实物，板面上可涂各种颜色。管理板上可张贴各种公告、报表、作业指示表、重点标准等
错误演示板		一般结合现场和排列图表示，让现场人员清楚自身的操作错误，一般放在人多显眼的地方，让人一目了然
警示视		在仓库或其他物品放置场所表示最大或最小的库量，用于看板作业中
操作流程图		工序配置及作业步骤以图表的形式展现出来，让所有人都清楚、明白

目视管理的基本要求

班组长在生产现场推行目视管理时，不要一味地搞形式主义，而是要从企业实际出发，有计划、有重点地逐步进行。其基本要求是：简约、鲜明、统一、严格、实用。

一、简约

就是要使目视管理各种视觉显示简单易懂，使人一目了然。

二、鲜明

就是要使目视管理各种视觉显示信号清晰，摆放位置合适，生产现场人员看得见、看得清。

三、统一

就是要使目视管理标准化，杜绝五花八门的杂乱规定。

四、严格

就是要使目视管理的参与人员，必须严格遵守和执行有关规定，有错必纠，奖罚分明。

五、实用

就是要使目视管理少花钱、多办事，讲究实效。

目视管理的应用范围

目视管理在班组现场的应用范围非常广泛，涵盖生产活动的各方面，如设备管理、物料管理、品质管理、备品管理、场所管理等（见表7-3）。

表7-3　目视管理的应用范围

实施范围	实施手法	实施方法
设备管理	定位管理	画线等
	状态管理	看板标识
	点检标准	点检表
	异常管理	极限标识
物料管理	限量管理	最大、最小值标识
	限高管理	极限高度标识
	购买点管理	数量和购买点标识
	异常管理	状态标识
品质管理	区域划分	画上分界线等
	分色管理	用油漆等涂色
	特性值管理	文字标识
	不良状态识别	分色或使用道具
	品质异常提示	使用道具等
备品管理	定位管理	画线或形迹定位
	数量管理	文字标识或其他
	异常管理	状态标识
	购买点管理	限量或购买点标识
场所管理	区域划分	画线
	场所标识	趣味命名
	提示物整顿	格式和高度等统一
	规范化管理	提示物认可制
环境管理	垃圾回收管理	分色、分类
	环境美化	各类制作
	节能降耗提示	温馨文字提示

续表

实施范围	实施手法	实施方法
文件管理	文件摆放	定位标识
	分类	分色、分段、分柜
	提示	构建文件索引体系
	查询	构建文件索引体系
流程管理	操作程序提示	以多种方式提示在地面、墙面、通道、设备上
	作业要点提示	
	办事流程提示	
目标管理	方针的揭示	在指定场所悬挂
	目标的揭示	制作管理看板
	指标推移情况揭示	制作管理看板

第二节 目视管理的实施方法

班组常用的目视管理方法

目视管理的方法很多，在任何一个班组都能够找到目视管理方法的体现。下面就是一些十分常见的目视管理方法。

（1）将一张小纸条挂在出风口，提示抽风机、空调等是不是正常工作。

（2）设置"人员去向板"，方便安排工作等。

（3）关键部位给予强光照射，引起注意。

（4）以图表的形式反映某些工作内容或进度状况，方便员工了解实际工作的进展。

（5）以顺序数字表明检查点与进行程序、步骤等。

（6）用标语的形式指示重点注意事项，悬挂在明显的位置上，让所有人都能够看到。

（7）操作指导书通过图片、相片等形式呈现出来，使人一目了然。

（8）用色笔在螺钉、螺母上做上标识，并且相对位置要加以固定。

（9）使用一些阴影、凹槽的工具放置盘，使各类工具、配件的放置位置更清楚、明了。

物料目视管理的实施方法

在现场生产工作中，班组长需对物料、消耗品、在制品、完成品等各种物料进行分配和管理。进行物料目视管理时需要注意：

一、现场标识要醒目、清楚

每个标识的颜色都不同，且在选择颜色时要尽可能地贴近材料本身的颜色。标识内容除材料名称、数量、进厂日期、规格等以外，还要有保存方法。

二、对现场材料进行分区

对原材料进行分区，每个区又可根据材料型号的不同分为多个小区。区与区之间应有相应的通道和明显的分界线，易混淆的原材料区是要有明确界线的。

三、成品、半成品的放置要界线分明

对于半成品和成品，要有明确的放置区域和明显的区域界线。

在半成品区域内，同一产品要放在同一区域内，工序相同的产品集中放在该区域的同一小区域内并附有工序记录卡。在成品区域内，同一客户的产品放在一个小区并且按照品种进行相应的区分，进入成品区之前，要检查每板贴的工序记录卡的填写是不是完整、清楚，并按板的序列号逐个进行摆放。

四、实行先进厂先使用制度

同一区域同一规格的材料需要时常调整位置，让先进厂的材料摆放在方便取拿的位置，以确保先进厂的材料先使用。

设备目视管理的实施方法

在进行设备目视管理时，需要尽可能做到"标明注意事项，安全操作设备，按制度维护设备"，塑造一个目视管理的优质环境。

一、标明注意事项

在设备的管理过程中，要正确使用管理看板这一工具，设置"设备保养计划日历"，以日历的形式制定好设备定期加油、检查和大修的日程，并且按照日历的要求操作和实施，实施完成之后要做好实施记录和实施标记。日历的内容要充实、完整、清晰，主要包括定期检查设备的名称、部位，润滑油的名称或性能要求，大修设备的名称和要求，以及各项工作在操作过程中的注意事项等。

二、安全操作设备

在进行设备操作时，安全是最重要的。在容易发生安全故障的地方，要有明显的安全标识。重要的操作规程要以看板的形式挂在机器旁边，保证做到时时注意、日日提醒。

另外，对于设备故障的处理也要标准化，在设备台账中要对设备故障的产生原因、处理方法做好详细记录。如此，一方面可为以后的设备保养、维修提供参考；另一方面可防止富有经验的维修人员离职之后将经验也一并带走。

三、按制度维护设备

设备的维护保养制度化，实际上也是标准化的一种。将维护保养制度贴在现场明显的地方，时刻提醒维修人员按照规章制度对设备进行维修和保养。

质量目视管理的实施方法

质量目视管理可以在一定程度上防止失误，减少品质问题。如在进行质量控制时，可在各质量管理点应设有质量控制图，以让全体成员对于质量的波动情况心知肚明，及早发现异常，及时处理。

在班组目视管理中，质量管理的方法有很多，最常见的是质量状况看板与 QC 工具看板。

一、对质量状况实行看板管理

质量状况看板，指将产品分为优等品、正品、次品、废品四大类，或是将缺陷分为严重缺陷、次要缺陷、无缺陷三大类。以这些指标为横坐标，以百分比、评定系数分或产品数量等为纵坐标，将各班组所生产产品的质量通过图标的方式展现出来。若有必要，还要放置各类样品，把看板放到员工较为集中容易看到的地方，让员工知道自己与其他班组的质量情况，明白自己与他人存在的差距，为其制造一些有形或无形的压力，激励员工的竞争意识，这样有利于工作的开展。

二、对 QC 工具实行看板管理

QC 工具看板是指因操作失误而造成的质量事故或针对典型的产品质量缺陷，运用 QC 工具展开分析与讨论，把结果放到员工较为集中容易看到的地方，让员工明白质量缺陷产生的原因、预防措施和在工作过程中需要注意的问题，以防止同类的事情再次发生。

安全目视管理的实施方法

安全目视管理主要通过将危险的事、物予以"显露化"，对人的视觉产生刺激的方式，进而唤醒人们的安全意识，防止事故、灾难的发生。安全目视管理的方法主要有以下几种：

一、消防设施操作步骤的目视管理

消防设施操作步骤的目视管理十分关键，它需要做到在遭遇紧急情况时，即便没有消防人员在场也可以正常使用：

（1）明示火警时启动消防设备所需的步骤。

（2）明示每一步骤的操作位置。

（3）明示每一步骤的操作内容。

在这些标识的提示下，能够让启动消防设施系统的操作标准化，避免因为操作不当影响扑救时间。

二、消防紧急备用钥匙的目视管理

（1）将与消防安全相关的备用钥匙放在一个小玻璃箱内。

（2）把小箱子挂在一个比较显眼的地方。

（3）在小箱子的上方设置一个应急处置指示牌。

（4）小箱子是封闭式的，平时禁止动用箱子内的钥匙，在遇到紧急情况时，可以击碎箱子取出钥匙。

这样，就可以很好地避免在火警时因为找不到钥匙而耽搁救火或逃生的时间。

第三节　看板管理概述

看板的种类

按看板在现场的使用途径和目的，看板可以分为现场看板和行政看板两大类。这两大类下还可细分，具体如表 7-4 所示。

表 7-4　看板的具体分类及内容

看板类型	具体分类	内　容
现场看板	管理看板	计划、现况、制度、工程、现场布局等看板
	标识看板	状态、区域、标识、标记等看板
	宣传看板	宣传栏、宣传画、班组学习园地等看板
	安全看板	安全标识、安全警示、用电指示等
	专用看板	特别设置的专门用途的看板，如 JIT 生产看板
行政看板	生活看板	洗手间标识、开水房标识、垃圾处理处等
	杂物看板	"请随手关门"、"小心地滑"等
	迎宾看板	欢迎看板等

看板的机能

看板的机能主要表现在以下几个方面：

一、看板是生产与运送的指令

看板记录着生产时间、生产量、生产方法、生产顺序，以及运送时间、运送量、运送目的地、搬运工具放置场所等诸多重要信息，从装配工序依次向前工序追溯，在装配线上将所使用的零部件上悬挂的看板取下，然后再去前工序领取。"后工序领取"以及"适时适量生产"就是通过看板来实现的。

二、看板可以防止过量生产与运送

看板需要按照一定的规则进行使用。其中有这样的一条规则是"没有看板不能生产和运送"。所以，看板数量减少，就意味着生产数量的减少。由于看板上记录的仅是必要的量，所以在看板的指示下可以做到自动防止过量生产以及适量运送。

三、看板可以作为依照进行生产

看板的另两条准则是"看板需要放在实物上"，"前工序按照看板取下的顺序进行生产"。依照这一准则，作业现场的工作人员可以清楚地知道作业的先后顺序，方便作业。此外，班组长只要看一看看板，就能对当前的工作进度、库存情况等了然于胸。

四、看板可防止把不良品送往后工序

在生产过程中，通过不断减少看板的数量来减少在制品的中间储存。一般情况下，如果在制品库存较高，即使不良品数目增加、设备出现故障也不会对后序工作造成影响，因此很容易将这一问题忽视或掩盖起来。

根据看板的运用规则之一"不能把不良品送往后工序"，若后工序所需得不到充分满足的话，就会导致全线停工，在这种情况下，问题立刻就会暴露出来。问题一旦暴露，就要立即采取改善措施进行解决。通过改善活动不仅让问题得到了解决，也让产品的质量得到了提高。

制作看板的要求

一、看板的内容

在生产现场内的所有墙壁，都可成为看板管理的场所。下列信息需要贴在工作本或墙壁上，让所有员工都知道 QCD 的现状。

（1）质量的信息：每日、每周及每月的不合格品数值和趋势图，以及改善目标。不合格品要在所有员工面前展示。

（2）交货期的信息：每日生产图表。

（3）成本的信息：生产能力数值、趋势图及目标。

（4）机器故障数值、趋势图及目标。

（5）提案建议件数。

（6）设备综合效率。

（7）品管圈活动：包括其他需要公布的信息项目。

二、看板制作的要求

1. 在设计上突出其合理性

（1）有主有次，突出重点。

（2）版面、栏面用图文或线条的方式分割，尽量做到条理清晰。

（3）活用电脑设计，容易更新。

（4）采用透明胶套或框定位，方便更换。

2. 让内容更丰富，更吸引人

（1）体现全员参与。

（2）采用卡通、漫画形式，版面活跃。

（3）多种看板的结合，有利于实现内容的丰富化。

3. 实行一目了然的动态管理

（1）动态信息以目标计划进度为主线。

（2）管理人员、更换周期明确。

（3）用量化的数据、图形，形象地说明问题。

（4）选择员工关心的信息、项目。

看板管理的作用

在生产现场实行看板管理有如下作用：

一、可以预防安全事故的发生

看板有利于企业进行安全生产管理，因为它能时常刊登一些安全生产技术知识和增强员工安全生产意识的文章，让员工树立起安全生产的意识。对于新员工来说，看板能够帮助他们更快地熟悉业务，明确工作要求，预防安全事故的发生。

二、能迅速传递信息，避免传达漏洞

因现场作业人员非常多，每一个人都会有自己的观点和看法，在这种情况下，可以通过看板引导员工统一思想，团结一心，向着共同的目标前进。通过看板不仅能够准确、迅速地传递信息，还可以避免传达的漏洞。

三、便于生产工作的推进

看板上的数据、计划等内容的显示便于生产管理者进行决策与跟进。对于已经揭示出来的计划书，员工不会遗忘。如果员工工作进度落后，公布情况也会对其产生一定的压力，进而强化生产主管的责任心。

四、便于奖优罚劣，增强员工竞争意识

员工的工作成绩以看板的方式揭示，这样优、良、差的员工都能一目了然，进而激起员工的竞争意识。以业绩为尺度，能让绩效考核更加公平、公正、公开，如此一来，就可以防止绩效考核中人为的偏差。

五、可为客户留下深刻印象，树立企业良好形象

客户或上级领导到生产现场进行参观的时候，看板可以让其迅速而全面地了解企业，并且留下美好而深刻的印象。

实施看板管理作业的步骤

看板管理主要按照以下七个步骤进行：

第一步：后工序的搬运工将所必需数量的领取看板与空托盘装到台车或者叉车上，走向前工序的零部件存放场。此时需要注意的是，必须是在领取看板箱中积存到事先规定好的一定枚数时才可以领取看板。

第二步：如果后工序的搬运工在某一存放场地搬运零件，就要摘下附在零部件上的生产指示看板，并且将这些看板放到看板接收箱内。接下来，搬运工还需要将空托盘放到前工序的人规定的位置。

第三步：搬运工在摘下每一枚生产指示看板时，要换上一枚领取看板。在两种看板交换时，要仔细核对领取看板同物品的生产指示看板的实物是不是相符。

第四步：在后工序作业开始时，需要将领取看板放到领取看板箱内。

第五步：在前工序生产一段时间或一定数量的产品之后，需要从接收箱中将生产指示看板收集起来，依照在存放场取下时的顺序，放入生产指示看板箱。

第六步：在进行加工时，这些零部件与它的看板需要放在一起进行移动。

第七步：在这个工序零部件加工完成之后，将这些零部件与生产指示看板一同放到存放场，以便后工序的搬运工随时领取。这两种看板的连续运作，须不间断地存在于各种各样的前工序中。各工序在所需时，只是按照所需的数量领取物品，全部工序自然就可以实现准时生产了。这样的看板连续运作，在实现各工序在循环时间内生产一个单位产品的生产线同步化上发挥作用。

各类看板的具体使用方法

因看板的种类很多，所以看板的使用方式也不尽相同。如果未制定出周密的看板使用方法，生产就无法顺利进行。在使用看板时，每一个传送看板只对应一种零部件，每一种零部件总是放到规定的位置，所以，每一个传送看板对应的位置也是不固定的。

一、工序内看板的使用方法

工序内看板，指某一项工序在进行加工时所使用的看板。这种看板主要适用于生产多种产品却不需实质性的作业更换时间的工序，或是装配线工序。

工序内看板的使用方法中最重要的一点就是看板与实物相随，也就是说，看板与实物一同移动。后工序来领取中间品的时候取下悬挂在产品上的工序内看板，之后悬挂在方才领取的工序间看板上。该工序然后按照看板被摘下的顺序以及这些看板上所表示的生产数量进行相应的生产活动，如果摘下的看板数量变为零，那就要停止生产，这样不仅不会延误也不会造成库存积压。

二、信号看板的使用方法

信号看板，指在进行成批生产的工序间使用的看板。如模锻工序、树脂成形工序等。信号看板悬挂在已经完成的成品上，当这一批产品的数量减少到基准数时取下看板，送回到生产工序，之后生产工序依照该看板上的数量进行生产。

三、工序间看板的使用方法

工序间看板，指工厂内部后工序到前工序领取所需要零部件而使用的看板。

工序间看板悬挂在从前工序领取的零部件的箱子上，当该零部件使用之后，取下看板，放到设置在作业场地内的看板回收箱内。看板回收箱中的工序间看板的意思是"该零件已经被使用了，请及时补充"。现场管理人员会定时定期前来查看和回收看板，集中起来之后再分送到各个相应的前工序，以领取需要补充的零部件。

四、外协看板的使用方法

外协看板，指针对外部协作厂家使用的看板。对外订货看板上需要详细记录好进货单位的名称和进货时间、每一次进货数量等相关信息。外协看板与工序间看板颇为相似，只是"前工序"不是内部的工序，而是供应商。通过外协看板的方式，从最后一道工序逐渐向前拉近，一直到供应商。因此，有时企业也会要求供应商实行 JIT（Just in Time，准时制）的生产方式。

外协看板的摘下和回收与工序间看板基本一样。回收之后按照各协作厂家分开，等到各协作厂家前来送货的时候拿回去，成为该厂下次生产的生产指示。在这样的情况之下，这一批产品的进货至少会拖延一回甚至多回。因此，需要按照延迟的回数发行相应的看板数量，这样就可以做到依照 JIT 进行循环。

第四节 编制看板的方法

班组现场布局看板的编制

一、内容提要

现场布局看板通常张贴在电梯口或车间入口，其内容包括现场的地理位置图；现场的总体布局，如车间、班组、生产线的位置、内部主要通道以及重要设备的位置；若有必要，还要对图例和内容做出解释说明；标出观图者所在位置。

二、看板修改

如果现场做出了调整，需要及时在布局图上标注出来。如果变动较大，布局图要重新绘制。

三、看板样式

现场布局看板的样式如图 7-1 所示。

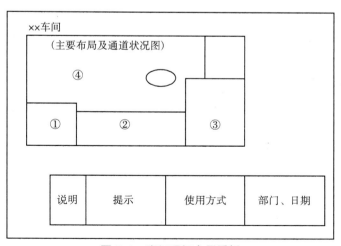

图 7-1 班组现场布局看板

班组工作计划看板的编制

一、内容提要

工作计划看板通常挂在车间显要位置，如"班组生产计划"、"班组个人生产实绩"、"车间出货计划"、"每日考勤"、"出货实绩"、"作息时刻表"、"培训计划"、"成品库存"等。其具体内容有生产目标、实绩与计划的差异及变化；一周生产计划现状、每日生产现状；重点工作用彩色笔标出。

二、看板样式

工作计划看板的样式如表 7-5 所示。

表 7-5　看板示例

产品 名称	产品 批号	产品 批量	生产 目标	①	②	③	④	总计	备注

班组生产线看板的编制

一、内容提要

生产线看板大多张贴在生产线的头尾，其主要内容有生产进行现况、主要事项说明、通告；生产计划与实绩，本日重点事项说明。这里需要特别注意的是，生产内容要与实际情况相符合，不可以弄虚作假。

二、看板样式

生产线看板的样式，如图 7-2 所示。

JIT 生产专用看板的编制

因为看板是实现 JIT 生产的主要工具，所以它不仅具有调度指令的作用，还是连接各部门中各道工序之间的纽带，有着实物凭证和核算根据的重要作用。因此，它的编制也相当重要。其主要内容有：

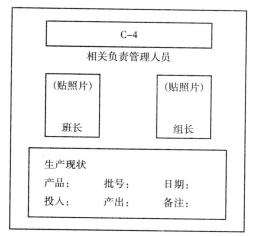

图7-2　生产线看板的样式

一、内容齐全

产品名称、型号、件号、件名、每台件数、生产工序或机台、运送时间、运送地点、运送数量、放置位置、最低标准数量等都要一一记录下来。

二、识别标记醒目

看板上所记载的每一项内容都需要用不同颜色的笔标识出来，背面号码也要清晰可见。

三、便于制作

生产流水线上所用看板的数量很大，所以在进行看板设计的时候，需要考虑到制作便捷度的问题。

四、便于保管

在保管时，要注意做到耐油、耐蚀，不要轻易破损。

五、注意看板内容与实物相符

看板一般随实物传递，所以要注意采用便于与实物相适应的形式。

班组品质现状看板的编制

品质现状看板一般贴在车间的墙壁上，其类型有"QA检查表"、"工序诊断结果"、"QC检查表"、"重点工序控制图"等。其内容包括品质实际状况，包括不良率、直通率、合格率及达成率；每月、周、日的车间或班组品质现状；各种QC图表。它的基本样式如图7-3所示。

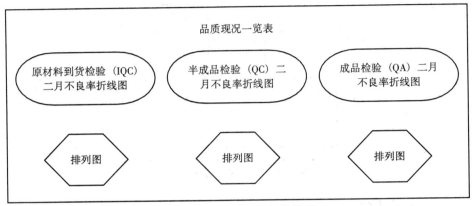

图7-3 品质现状看板的样式

班组工作看板的编制

一、内容提要

工作看板主要悬挂在操作场所或生产现场，其内容有指示规定的工作事项；生产工序、流程；展示过程中整理整顿的效果；标明工作配置状态。

二、看板样式

看板的样式有很多，如设备附近张贴的操作规程、生产线上张贴的作业指导书等。

班组人员动态看板的编制

一、内容提要

人员动态看板粘贴或悬挂在班组显眼的地方，其内容主要包括标识管理人员、技术人员、班组人员的流动状态。

二、看板样式

看板样式如表7-6所示。

表 7-6 人员动态看板示例

姓名 ＼ 去向	在 岗	出 差	去卫生间	实施支援	其 他

第八章 流程化和标准化：让现场管理步步为营

第一节 生产作业标准化概述

作业标准化的含义和内容

作业标准化，具有狭义与广义之分。从狭义上说，作业标准化就是指作业方法的标准化；从广义上说，作业标准化除了作业方法的标准化外，还包括作业活动程序、作业准备、作业环境整洁、设备检查维修、工具放置使用以及共同作业的指挥联络等方面的标准化。从这一层面上说，一旦改进作业方法，必然涉及设备、环境等诸多方面。而这恰恰是企业制定出作业标准化之后，班组长苦恼不已的原因，因为让员工直觉地执行这项标准并不是一件简单的事情。

标准化作业的内容因工种的不同而有所不同，如机械加工车间的标准化作业主要包括：

（1）员工作业时的操作程序与要领。

（2）设备的定期、定点润滑。

（3）刀具定时更换，刀具更换时的作业要领。

（4）量具、检具使用的程序与要领等。

（5）机床的切削用量。

标准作业的三要素

标准作业的三要素主要包括节拍时间、作业顺序、标准手持。

一、节拍时间

节拍时间，是指用多长时间生产一个或者一件产品的目标时间值。它是由市场销售情况决定的，和生产线的设备能力、实际加工时间与作业人数都没有关系。

一天的需求数量，以劳动时间除以一个月的需要数量就可以计算出来。周期时间是一天的需要数量除以劳动时间之后得出的结果。虽然周期时间确定了，但是因为制造者能力的不同也会有所差异。

二、作业顺序

作业顺序，是指作业人员以最高的效率生产合格品的生产作业顺序，是实现高效生产的重要保证。

作业顺序存在好坏之分，好的作业顺序是不具任何多余动作的作业顺序，所以按照这种作业顺序进行作业的效率最高。只有深入生产现场进行仔细观察，认真分析作业者的动作，将手、足、眼的活动分解，使其做到动作最少、路线最短，才可以制定出好的作业顺序。

三、标准手持

标准手持，也叫作标准存活量，是指可以让标准作业顺利进行的最少的中间在制品数量。

通常来说，标准手持虽然和机器布置相同，但是加工工序作业时，依附在各个工序上的东西，就足够使用，工程之间不必存货；可是，如果用相反的工序进行作业时，在各个工序间，都有必要放置一个。

班组长作业标准化的职责

要让作业标准化，班组长需要做到以下几点：

一、对标准有一定认知

（1）标准是现场管理的重心。

（2）标准并不是一成不变的，需根据具体情况加以修订。

（3）标准是公司员工必须要遵守的。

二、用标准教育、培训员工

班组长要对企业的标准有一个充分的了解，然后用标准教育和培训员工。只要进行了一定时间的熟悉和培训，不管是谁都能够进行作业。一个人经过长期的努力积累的技能，与标准化作业是有差别的，因为标准化作业是普通员工经过一段时间的努力之后就可以掌握的。当然，通过培训，让员工掌握标准化作业要点是非常必要的。制定标准只是标准化的第一步，培训和实施是第二步，不断对标准进行改进是第三步，然后重新培训。培训内容如下：

1. 对员工进行机台操作规范的培训

机台操作规范培训主要是针对各加工工序操作人员实施的培训，在培训的过程中可以根据个人专长分别登记培训，讲师可由资深技术人员或由中层主管自行担任，培训完之后要进行实际操作演示。

2. 对员工进行检验作业规范的培训

进行检验作业规范培训的主要是加工工序中的检查员，在培训时，可由质量管理工程师或技术师担任讲解师。

3. 对员工进行加工工序作业指导书的培训

加工工序作业指导书培训应该在这一批产品产生之前进行，可由中层主管自行担任讲师或请技术工程师担任。

4. 对员工进行加工工序检验标准的培训

加工工序检验标准培训配合加工工序自主检查的要求而实施，可以采取定期培训等方式，由质量管理工程师或班组自行指导，培训时可以搭配各种样式的样品实施。

上述培训的工作除日常培训外，班组长还要特别重视对新员工的培训，这样才能确保方法与技术管理的彻底实施。

三、按照标准行事

作业标准是现场生产活动的规范，因此，在实施作业的过程中，对于任何人都要有所约束，任何人都要遵守，一旦违反接受处罚。从各道工序、相关部门到间接的管理部门都需要按照标准行事，不可以存在异议。如果作业标准同实际情况的确存在不合适的地方，就要考虑对其进行修改，之后再按照作业标准执行。

四、明确规定作业标准

为了杜绝浪费、不稳定、不合适等现象的发生，需要明确规定作业标准是唯一的作业方式。当然，若有更好的方法，就要对此前的标准进行修改，形成的新方法就成为新的标准化作业。

怎样在班组中推行作业标准化

推行作业标准化不但花费少而且见效大，能够减少因个人情绪波动或不稳定发挥等原因而造成的质量问题，有助于提高产品的质量。所以，班组长在推行作业标准化时，需要按照以下方式进行：

一、将标准视为最高指示

对于一份没有付诸实施的标准，即便再完美也不会对班组作业有任何帮助。为了让已经制定出的标准顺利实施下去，班组长先要让员工明白这样一点：作业指导书是自己进行操作的最高指示，它高于任何的口头指示。

二、做好现场指导、跟踪确认工作

（1）做什么、如何做、重点在哪里，班组长需要手把手教授。

（2）只是教会了还远远不够，接下来还要进行一段时间的确认工作，看其是否领会，结果是否稳定。

（3）班组长一旦发现员工不遵守标准作业要求，就要立刻加以训斥并纠正其行为。

三、作业指导书的放置要以便于作业为目的

制定出标准的作业方法后，为了让人注意到，需要在显著的地方标出来。为便于作业，班组长务必要将作业指导书放在作业者随手就可以够到的地方。

四、发现标准出现问题要及时处理

现场班组长需要时刻教育员工：一旦发现任何标准性问题，不要擅自作主张改变现有方法，而应按照下面的方式进行处理：

（1）将你的想法立即向上级汇报。

（2）确定你的建议的确是一个好办法后，改订标准。

（3）根据改订后的标准改变你的操作方法。

（4）根据实际情况调整。

五、不断完善作业标准

虽然目前制定的标准是最好的方法，但随着科学技术的不断进步与发展，改善是无休止的。所以，班组长对于下属提出的疑问要认真对待，即便员工说的不正确也不要尖锐地反驳，而要始终怀着这样的想法：现在的作业方法还处在一个较低的水平，是改善和进步的一个起点，后面还会有更完美的。

六、定期检讨、修正作业标准

在发生以下情况时，班组长需要对现存的标准进行适当修正：

（1）标准的内容难以理解。

（2）当发现问题及步骤已改变时（机器、人员、材料、方法）。

（3）标准定义的任务难以执行。

（4）产品的品质水平已经改变。

（5）当外部因素要求改变时，如环境问题。

（6）上层标准（ISO、GB等）已改变。

七、随时做好向新的作业标准挑战的准备

通过班组现场作业情况，找到问题所在，实施改善，再修订成新的作业标准。还要学习其他的改善事例，受到启发之后再到现场实施，寻找改善的重点，从实际出发不断改善标准。

第二节 生产作业标准化的实施方法

作业指导书的内容

作业指导书，是作业指导者对作业者进行标准作业的正确指导的基准。作业指导书基于零件能力表、作业组合单而制成，是随着作业的顺序，对员工作业内容、安全、品质等要点进行明示的工具。

通常情况下，作业指导书可以是图表、图片、模型、录像，也可以是标准、规范、指南等；在结构上，可以采用标准格式，也可以采用非标准格式。此外，作业指导书的结构与格式不宜相同，但是为了避免混淆，在一个组织内，可以对各类作业指导书的格式进行不同形式的规定，以保持作业指导书的结构与格式的统一。不管采用哪一种格式或者组合，作业指导书内容的表述顺序应当与作业活动的顺序相一致，准确地反映活动内容和要求。

一般情况下，一份完整的作业指导书包括以下几个方面的内容：

一、标题和封面

作业指导书需有明确的标题，也就是明确注明活动名称，一般可采用"作业活动名称＋作业规程/规范"或"作业活动名称＋作业指导书"的结构。如设置封面，还需要在封面上写明编号、起草人、审核人、批准人、批准日期及修订状态；如果没有封面，这些内容需要写在标题的下方。

二、目的和范围

作业指导书要注明其适用与不适用的作业范围；要简洁地说明编制目的或其实施目标，也就是为何要编制作业指导书，以及这份作业指导书实施之后要达到什么样的效果。

三、作业内容与要求

作业内容与要求是作业指导书的主体，应当具体、准确地反映出活动的内容要求。同时，作业指导书内容的表述顺序需与作业活动的顺序一致。如果有必要的话，可以采用图表这种更为直观、形象的表达方式。作业指导书的文字要简单、通俗，尽可能地量化，用数据说话，防止工作人员在理解上出现误差。

怎样制定作业指导书

作业指导书是厂长、质管人员及现场管理员（班组长）以上级别人员进行工作的依据，以此可以清楚地了解产品的特性、制作流程和生产方法，从而更好地控制产品的品质、成本及产量。

一、作业指导书制定的依据

（1）产前根据设计部、研发技术部发行的组装重点管理书、保证项目一览表、零件构成图、保证工程表，制造部在此基础上做成组装指导书、调整指导书和检查指导书。

（2）根据研发技术部发行的包装式样书制作包装指导书。

（3）根据包装式样书做成备件指导书，当该指示里没有明确规定备件的做法时，应向技术部申请具体方法的指导。

（4）根据生产管理室发行的零件构成图及组装区的工程设定做成配料指导书。

二、编写步骤

1. 确定工位名称

把整个车间的流水线，依照以往经验或工作需要，细分成若干阶段。根据流水线的总长和工位的估计数量，确定每个工位的时间。如流水线的长度为 100 米，估计要安装 20 个零部件，那么每一个工位的长度为 5 米。又调整生产线线速为 5 米/分，那么每个工位的安装时间不可以超过 1 分钟。在 5 米的距离内，安排物料，如料架等。根据工艺的要求，对每一个工位的名称做出安排。

2. 确定动作要素

识别在该工位要求有多少个动作要素，要素与要素之间通常以步行时间区分。之后将每一个动作要素罗列出来。上述流水线假设有 60 个零部件，还是 20 个工位，则简单区分为每 3 个零件为一个工位。编制作业指导书时应该把此 3 个零部件的动作要素区别开来。

3. 确定装配时间

按照上一步动作要素的安排，确定需要装配的时间。大体时间只有在具体操作之后才能够确定。只有对各个工位装配的大体时间进行识别之后，才能够进行物料的调配。

4. 总结增值、非增值、步行时间

对以上各工位进行增值、非增值、步行时间的统计。增值时间，指的是改变物料特性所需要的时间，非增值时间，指的是不改变物料特性所需要的时间。在制订作业指导书时，需根据实际情况，对以上工位的增值、非增值、步行时间进行重新分配，缩短非增值时间以及步行时间。

5. 制定位频图

位频指的是在作业指导书上画出该物料的形状，将其细分为若干区，以某一种标识识别装配期间所装配的位置，或在该位置上安装频率。通常来说频率与动作要素是一致的。

6. 编制移动略图

移动略图与过程流程图有些相似。通过移动略图表现第一步中提出的动作要素。该过程比较复杂，需要一点一点画出来，但是一画出来，那么整个过程都会一目了然。

7. 画周期时间表

将上述的增值时间、非增值时间、步行时间在纸上画出来，选择不同的颜色表示，同时标注上每个阶段的时间。如此就能够有效地识别增值以及非增值时间，以缩短制造周期，提高效率。

三、制定作业指导书的注意事项

（1）作业指导书里应该明确规定所有作业过程中必须使用的零件、设备、治具、工具、消耗品等。当实际需求发生变化时，应在指导书相应栏注明用量。

（2）对有防静电要求的作业、安全规格作业、附带作业的指导书，必须盖上相应的识别印章，其中对有防静电要求的作业还应明确规定防静电要求的等级。

（3）作业顺序不可调整的作业，必须明确在何种作业项目之前（或之后）进行，而且要显示"作业顺序不可调整"的字样。

（4）对于有取放要求、容易损坏的零部件（如镜片、感光材料等），要注明拿取部位和取放方法。

（5）在制定特殊工程的作业标准时，要注意和一般零件部位区分对待。

特殊工程，是指不破坏就不能发现，而且制造的缺陷体现在成品上，除正常的工程管理以外，还需要对生产因素进行管理的工程（如焊接、热铆接、老化等工艺）。所以，制定特殊工程的作业标准，要详细地说明管理项目和管理方法（设备、作业、加工条件、品质结果）。

（6）作业指导书设计与编写需与本企业的《质量手册》规定相符合，作业指导书规定的相关程序要与本企业的实际情况相符合，包括检验仪器设备、作业环境、检验范围的要求。

（7）一项活动只可以规定唯一的程序，只可以有唯一的理解，所以一项作业只可以规定一个作业指导书，而且不可以使用作业指导书的无效版本。

（8）作业指导书一旦批准实施，就要认真执行；如果需要修改，须按照《质量手册》的规定程序进行。

四、作业指导书的改订

作业指导书是根据产品的需要而不断改进的，所以必须要及时更新。在下列情形下要改订作业指导书：

（1）材料或零部件变更。

（2）作业方法（工法）或顺序（工序）变更。

（3）作业要点变更。

（4）设备或工装夹具等变更。

车面料作业指导书范本

作业名称：车面料	编号：
	主办部门：

1. 目的

为规范车面料的作业行为，保证车面料质量，特制定本作业指导书。

2. 范围

本指导书适用于车面料工作。

3. 作业程序

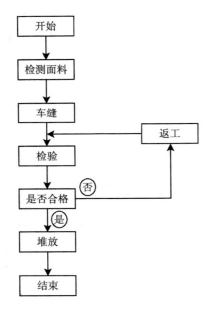

4. 作业内容

（1）准备。

检查电车是否正常，根据生产任务单的要求，领取相应型号、规格的面料及辅助用料。

（2）检查面料。

① 检查面料有无破损，有无脏污，有无断线、跳线和漏线，有破损和脏污时应处理好，有跳线和漏线时应及时补好。

② 检查凉席、拉链、无纺布、通花、海绵芯等是否符合要求。

③ 检查侧边的厚度、长度、宽度及颜色是否符合要求。

（3）车缝。

① 车商标。

a. 根据生产任务单的要求，领取和生产单要求相同的商标。

b. 用商标模板在面料正面布上画线定位。

续表

| 作业名称：车面料 | 编号： |
| | 主办部门： |

c. 选用规定的品牌型号缝制布标，先缝制正标，再缝制斜标。

d. 正布标缝制平整、端正，边距相等，偏差±10 毫米，底距 200 毫米，允许偏差±10 毫米；分别与面料长、宽两边平行，布标缝制不能有皱褶。

② 补跳线、漏线。

根据面料或侧边的图案，对跳线、漏线处缝补。

③ 面料包边及拉链安装。

a. 包边饱满，走线平直，转角圆顺，无断线、跳线和漏线。边带颜色与面料颜色搭配一致，有两个边带接口。

b. 拉链安装平直，边带紧靠拉链牙，但不得覆盖拉链牙，走线均匀，不得断线、跳线和漏线。

④ 车通花。

走线均匀、平直，压线子口 5 毫米，允许偏差±10 毫米以内。

⑤ 接侧边。

a. 侧边颜色、图案与面料颜色、图案搭配一致，侧边厚薄搭配一致，侧边花纹搭配一致。

b. 侧边接口≤4 个，特殊情况只允许 1 个。

c. 将品质卡缝制在床垫接口处的横方。

⑥ 车面料。

走线均匀、平直，保持面料表面无明显皱褶，无断线、跳线和漏线，交接处重叠吻合，每 10 毫米针距 3~4 针，车线子口为 15 毫米，允许偏差±1 毫米。

⑦ 车托布。

车线平直、均匀，不得有皱褶，无断线、跳线和漏线。涤棉布、棉布和化纤布拉布子口为 2 毫米，允许偏差±2 毫米；绒布和织锦布拉布子口为 15 毫米，允许偏差±2 毫米。

（4）检验。

① 车缝前检查面料是否符合生产所需。

② 缝制过程中自检缝制质量。

③ 缝制完毕仔细检查每件面料的质量，合格后将转入下一道工序，否则作返工处理。

（5）堆放车缝好后，自检并在品质卡上填写自己的工号，同时按指定的位置分类成套整齐堆放，待转入下一道工序。

（6）结束。

① 整理工位，保持现场整洁。

② 填写相关记录。

5. 注意事项

（1）自检面料的缝制质量。

（2）布标选用符合品牌要求。

（3）下班时关闭用电设备，对电车注油保养并进行安全检查。

怎么管理作业指导书

作业指导书的管理程序如下：

一、作业指导书的批准

（1）作业指导书应按规定的程序批准后才能执行，一般由部门负责人批准。

（2）未经批准的作业指导书不能生效。

（3）作业指导书是受控文件。

（4）经批准后只能在规定的场合使用。

（5）严禁执行作废的作业指导书。

（6）按规定的程序进行更改和更新。

二、作业指导书的保管和运用

（1）按标准作业是指按照作业标准进行作业，因此指导书制定后，必须复印一份放置在可以马上看见（取出）的地方。原稿则由文书管理人员统一保管。

（2）在使用过程中若发现指导书有脏污、破损，但内容仍可以理解时，应及时修补；若内容无法理解，或指导书不能修补时，应重新制定。

（3）指导书的制定、改订、废弃以及每月的日常维护应做成"作业指导书管理台账"进行管理。

（4）教育和监督作业人员严格按照作业指导书操作。

第三节　生产管理的工作流程

生产计划管理工作流程

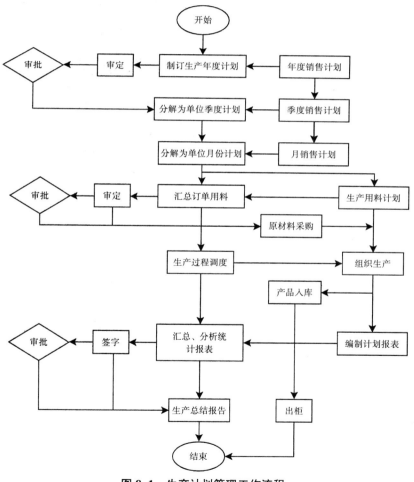

图 8-1　生产计划管理工作流程

生产计划安排工作流程

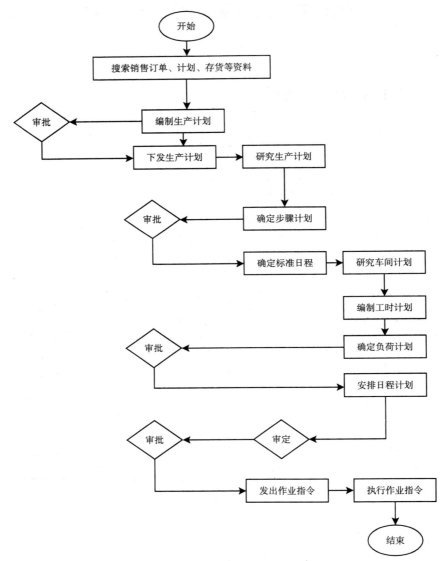

图 8-2　生产计划安排工作流程

生产安全管理工作流程

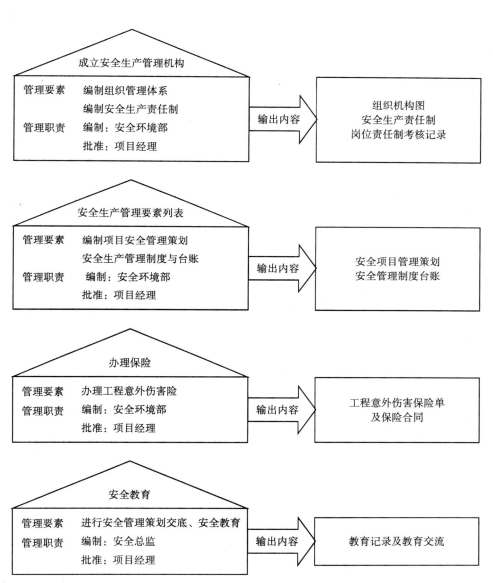

图8-3　生产安全管理工作流程

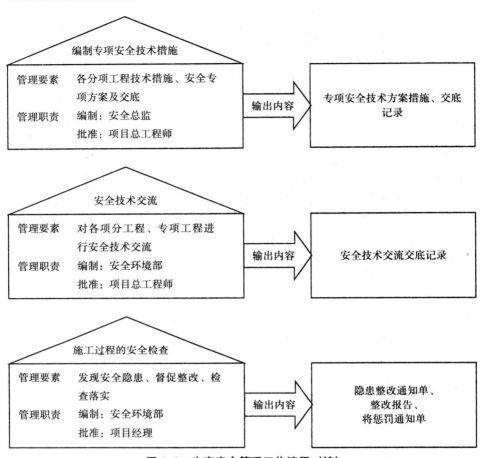

图 8-3　生产安全管理工作流程（续）

生产设备管理工作流程

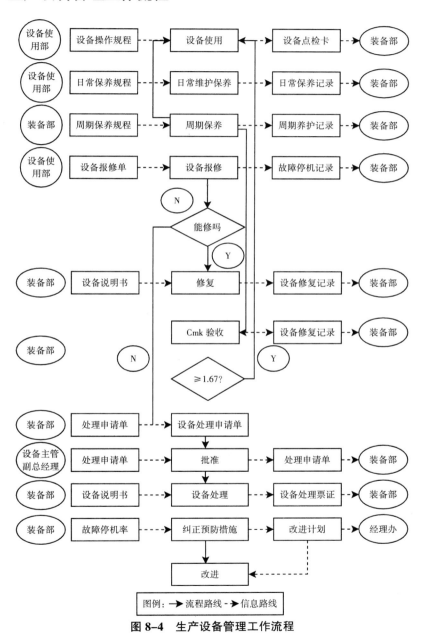

图8-4　生产设备管理工作流程

第四节　质量管理的标准和流程

生产质量管控工作流程

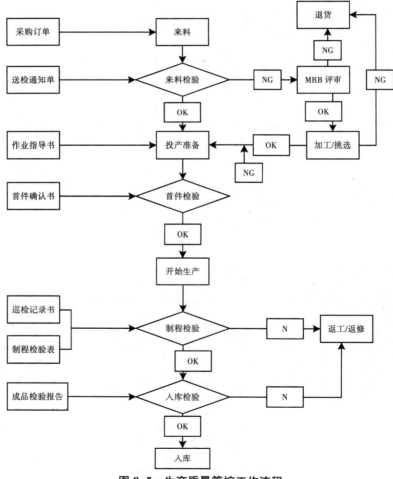

图 8-5　生产质量管控工作流程

生产质量管控工作标准

表 8-1 生产质量管控工作标准

任务名称	节 点	任务程序、重点及标准	时 限	相关资料
收集生产信息	B2C2D2F3	程序		市场需求、原材料供应、产能等方面的信息资料
		生产部从不同的渠道收集生产方面的信息，并进行汇总	依情况日而定	
		业务部与质量部积极配合生产部门的工作	随时	
		重点	随时	
		生产信息的收集汇总		
		标准		
		信息收集全面、及时、准确		
制订生产计划	C3C3A4	程序		1.企业产能信息 2.客户订单 3.企业经营计划
		生产部对汇总的生产信息进行分析和研究	依情况而定	
		根据企业的生产能力、业务部客户订单和企业常规计划要求，生产部制订生产计划	5 个工作日内	
		生产计划报制造总监审批	3 个工作日内	
		重点		
		生产计划的编制		
		标准		
		计划全面、可行		
组织生产	C5C6B6D6	程序		
		生产部根据生产计划进行生产排程，安排各项任务的生产时间和交接时间	依情况而定	
		生产部组织生产，安排负责人员、场地、设备、分析技术难点，预防品质问题的出现等	随时	
		质量部为生产提供技术保障和技术支持	随时	
		综合部保证生产与所需物质的供应	随时	
		重点		
		生产的排程与组织		
		标准		
		按计划顺序、有条不紊地进行		

续表

任务名称	节　点	任务程序、重点及标准	时　限	相关资料
生产控制	C7C8B8 D8	程序		1. 生产计划 2. 产品进度报表 3. 基层管理人员和生产人员情况汇报
		生产管理人员负责对生产过程、生产进度、物资供应等情况而进行监督、控制	随时	
		生产部负责生产过程中的协调工作，保证生产的顺利进行	随时	
		质量部积极配合生产部的工作，及时解决生产过程中出现的技术问题	随时	
		综合部按生产部的要求准确、及时提供生产所需物资	随时	
		重点		
		生产过程中的监督、控制与协调		
		标准		
		按计划有序进行		
生产总结汇报	C9C10	程序		1. 生产计划完成情况 2. 生产进度完成表
		生产工作按计划完成后，生产部对整个阶段的生产过程进行全面的总结和评估，并向相关领导汇报	随时	
		对生产过程中的相关材料进行整理、存档	随时	
		重点		
		生产过程情况及问题的总结		
		标准		
		生产总结客观、及时、全面		